那些重要的小事

儿童心理成长指南

ERTONG XINLI CHENGZHANG ZHINAN

金 敏 著

沈阳出版发行集团
沈阳出版社

图书在版编目（CIP）数据

那些重要的小事：儿童心理成长指南 / 金敏著.
沈阳：沈阳出版社，2025. 2. -- ISBN 978-7-5716-4451-2

Ⅰ．G444-62

中国国家版本馆 CIP 数据核字第 2024BU4826 号

出版发行：沈阳出版发行集团 ｜ 沈阳出版社
（地址：沈阳市沈河区南翰林路 10 号　邮编：110011）

网　　　址：http://www.sycbs.com
印　　　刷：定州启航印刷有限公司
幅面尺寸：170mm×230mm
印　　　张：15.75
字　　　数：225 千字
出版时间：2025 年 2 月第 1 版
印刷时间：2025 年 2 月第 1 次印刷
责任编辑：赵秀霞
封面设计：张　晴
版式设计：寒　露
责任校对：郭亚利
责任监印：杨　旭

书　　　号：ISBN 978-7-5716-4451-2
定　　　价：68.00 元

联系电话：024-62564911　24112447
E - mail：sy24112447@163.com

本书若有印装质量问题，影响阅读，请与出版社联系调换。

孩子心里的小世界

父母永远是最爱自己孩子的人，一些宝妈经常说："我爱孩子胜过爱自己。"可以说，孩子的一言一行，无不牵动着父母的神经。

孩子的内心世界是复杂而细腻的。随着孩子的逐渐成长，尽管父母把他们当成宝贝一样，捧在手心里，在他们的身上奉献全部的爱，但也应当认识到，孩子的每一次欢笑和泪水，都是他们内心情感的真实反映。孩子不仅仅需要充足的食物、合适的衣物和健康的身体，他们的心理健康同样至关重要，忽视任何一方面都会影响他们的整体发展。

可能对于父母而言，孩子身上确实存在一些"未解之谜"。比如，他在上学的时候每天早晨不愿起床，节假日却起得很早；父母告诉他，吃饭的时候不要往衣服上抹，要拿纸巾擦，他却天天把衣服弄得很脏；父母跟他强调，不要边写作业边玩，他却每次都在墙壁上涂涂画画；父母明明告诉他，要爱惜玩具，他却总要把玩具拆得七零八落；他明明多次强调，自己已经大了，却每天都要妈妈抱……

孩子的行为常常让父母感到困惑，然而这些所谓的"未解之谜"背后，隐藏着孩子心里的小世界。这些"未解之谜"，其实是孩子探索世界、表达需求的方式。孩子的内心世界充满好奇和冲动，他们的行为只是在尝试用自己的方

式理解和适应周围的环境。

　　孩子的思维方式与成人截然不同，他们的逻辑和情感处理更直接、更本能。他们黏着妈妈时，可能只是寻求一些安全感；他们涂鸦墙壁时，可能是在表现自己的创造力和对色彩的喜爱；他们拆开玩具时，可能是出于对机械工作原理的好奇。虽然让父母感到头疼，但这些行为都是孩子成长过程中的重要组成部分。

　　尤其是0—3岁的孩子，他们刚刚来到这个世界，对这个世界的一切都很陌生，他们的语言表达能力也不够强，所以在很多时候，他们还不能清晰完整地表达自己的需求，只能用一些行为或者哭闹来表达自己的情绪，而父母在这个时候可能会采取错误的方式来应对，如训斥、不耐烦等。这样可能会影响孩子身心的正常发育，甚至让孩子的成长偏离正轨。有的成年人有一些不恰当的言行举止等，就与幼年所受到的心理伤害有关系。

　　父母如果能探知孩子心里的小世界，可能就会了解这些所谓的"未解之谜"，可能就会更好地理解孩子，帮助他们应对困难和问题。当孩子发脾气时，当孩子不起床时，当孩子要妈妈抱抱时，当孩子乱涂乱画时，当孩子把衣服弄脏时，当孩子拆玩具时，父母不要着急去责备他为什么不听话，也不要用粗暴的方式来干涉他，而一定要耐心地探知他心里的小世界，去挖掘"未解之谜"背后所反映的心理问题。

　　这些耐心和理解，是父母帮助孩子健康成长的关键。父母应该把孩子的每个小动作看作窥视他们内心世界的一扇窗户，孩子的行为可能是他试图与父母沟通的一种方式。要走进孩子的内心世界，父母就要用心陪伴孩子，与孩子一起玩游戏、读故事书等，这样的温馨时光能帮助父母更好地了解孩子的喜好和小小的心事。父母要用心听孩子的每一句话，观察孩子的每一个动作，因为这些都是孩子展示内心世界的窗口。父母还要给孩子一点儿自由，让孩子自由探索、大胆尝试。

深入探索孩子的内心世界，意味着父母需要学会从孩子的行为中读取孩子的心理状态。这就需要父母具备一定的心理学知识，以识别和理解孩子的行为背后可能存在的情绪问题和心理驱动。孩子的每一串笑声、每一次哭泣、每一次行为表达都有深层的意义，理解这些意义可以帮助父母更好地支持孩子的情感发展。

希望通过本书，每位父母都能探究孩子心里的小世界，探究到那些所谓的"未解之谜"，也衷心希望父母都能读懂孩子，了解孩子的各种行为，并拥有足够的知识和技能来应对孩子成长中的各种问题，进而给予孩子充满爱的引导与帮助，更好地陪伴孩子成长，与孩子共同进步。

微小行为大心理

孩子在成长过程中，每一个细微的行为都潜藏着丰富的心理内涵。孩子的言行举止不是简单的外在表现，而是内在心理状态和情绪的直接反映。这些细微的行为，犹如窥视孩子内心世界的一扇窗，通过这扇窗，父母可以看到孩子的内心感受、心理需求和情绪波动。父母要敏锐地捕捉并深入理解这些微小行为背后的心理动因，这是一项至关重要的技能。这不仅需要父母具备敏锐的观察力和强大的共情能力，还需要他们能够在日常生活中耐心地与孩子互动，通过细致入微的观察和用心的倾听，洞察孩子行为背后的真实心理需求。

识别和理解这些微小行为背后的心理动因，可以帮助父母更好地回应孩子的需求，从而建立更为紧密和谐的亲子关系。孩子如果特别喜欢盯着妈妈看，而妈妈只要一走，孩子就会哭泣，可能是他们有了分离焦虑。孩子总在不厌其烦地玩着"过家家"的游戏，可能只是表现出他们对成年人世界的想象力。孩子在早晨不愿意起床，这一行为可能不仅仅是身体上的疲倦，还可能反映出孩子对学校环境的焦虑和不适应。

理解这些微小行为背后的深层次需求，父母才能够更有针对性地采取行动，不再是简单的批评或制止，而是通过共情、对话和适当的引导，真正满足孩子的心理需求，帮助他们建立起良好的心理基础。

当孩子挑食时，父母可以理解为孩子在表达对饮食的控制感，而不是简单地厌恶某种食物。这种行为可能源于孩子试图在自己有限的生活领域内寻求某种掌控感。通过共情和对话，而非简单的制止或批评，父母可以更好地回应孩子的内在需求。通过耐心地了解孩子的偏好和感受，父母能够帮助他们建立健康的心理基础，逐渐引导孩子形成良好的饮食习惯。

　　孩子在独自一人时喃喃自语，可能是在进行自我沟通。这种行为有助于他们整理思绪，理解周围的世界和自己的感受。孩子走路时跳跃，可能是在释放紧张情绪或表达内心的活力与快乐。这些行为都是孩子展现内心世界的窗口，通过这些窗口，父母可以深入观察到孩子的快乐、恐惧、好奇与挑战。理解这些行为背后的心理动因，父母能够更有针对性地支持孩子，帮助他们健康成长，使他们逐步增强应对生活挑战的能力。

　　父母应当成为孩子心理状态的敏锐观察者和积极倾听者，不断学习、掌握和理解孩子微小行为背后的大心理。这样的理解和共情不仅有助于孩子的身心健康成长，也能增强父母与孩子之间的情感纽带。在育儿过程中，学会通过微小行为洞悉孩子的内心世界，是父母的必修课。这不仅能够使父母更好地引导和教育孩子，还能帮助孩子在充满爱的环境中茁壮成长。

目 录

01 "哭"也是一种语言

- 本能性啼哭　3
- 需求性啼哭　5
- 病理性啼哭　10
- 一旦和妈妈分开就"哭"　14
- 一见到陌生人就"哭"　20
- 摔倒后越"哄"越"哭"　26
- 晚上突然大哭伴随着尖叫　32

02 初来乍到——孩子如何适应这个世界

- 喜欢盯着妈妈看　39
- 不好好吃饭　45
- 不要吃药，不要打针　52
- 啃手指的宝宝　58
- 大小便带来的满足感　65
- 突然"爱"撒谎　71
- 乱扔东西，不要"责"　80
- 爱"打人"，如何"治"　85
- 模仿父母是好还是坏　92

03 探索未知——孩子"好奇"的快乐

- 下雨喜欢"踩水坑" 101
- 在泥沙中"寻宝藏" 106
- 被"涂鸦"的墙壁 111
- 就爱"搞破坏" 118
- 推倒比搭建更"快乐" 124
- 一个人总喜欢"喃喃自语" 129
- 掩耳盗铃式的躲猫猫游戏 137
- "十万个为什么" 142
- 孩子老是玩弄自己的生殖器 148
- 角色扮演"过家家" 153

04 你好世界——孩子与社会的第一次接触

- 一上幼儿园就哭 163
- 早上不愿起床 170
- 把不是自己的东西拿回家 178
- 孩子打架怎么办？ 185
- "不合群"不是性格缺陷 190
- 你所不知道的嫉妒心 196
- 不爱和老师说话 204
- "玻璃心"的胜负欲 210
- 被起外号的苦恼 216

05 附录

- 读懂孩子的心理　224
- 称职的父母应该明白的心理学规律　233

01

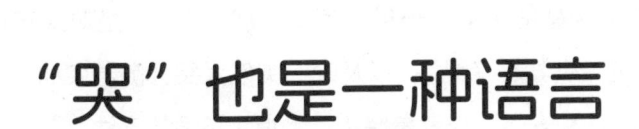

"哭"也是一种语言

"哭"是一种最初且最重要的交流方式。对于新生儿和婴幼儿来说，哭泣不仅仅是情绪的宣泄，更是一种与外界沟通的重要手段。从本能性啼哭到需求性啼哭，再到病理性啼哭，每一种哭泣背后都有特定的原因和意义。理解这些不同类型的哭泣，可以帮助父母更好地回应孩子的需求，为孩子提供及时和有效的安抚。

孩子本能性啼哭，是他们适应外界环境的自然反应；需求性啼哭，则是他们通过哭声表达饥饿、疲劳或需要换尿布等基本需求；病理性啼哭，可能预示着他们身体不适或疾病，需要父母特别关注和及时就医。孩子在情感和社交发展中，也常常通过哭泣来表达内心的恐惧和不安。例如，一旦和妈妈分开就"哭"，是对安全感的需求；一见到陌生人就"哭"，是对未知环境的防御反应。摔倒后越"哄"越"哭"，以及晚上突然大哭伴随着尖叫，可能是孩子在寻求更多的关注和安慰，或者是经历了恐惧和不适的表达。

父母理解和正确应对这些哭泣行为，不仅能帮助孩子建立安全感和信任感，还能促进他们情感和心理的健康发展。通过对这些"重要的小事"的深入理解和正确应对，父母不仅能更好地理解自己的孩子，还能在孩子成长的每个关键时刻提供更有力的支持。每一次哭泣，都是孩子与世界交流的一部分，父母的理解和回应，将为孩子未来的情绪稳定和心理健康打下坚实的基础。

本能性啼哭

新生儿不会说话，他们只能用哭来表达自己的情感。新生儿父母其实并不知道，宝宝的哭也是不同的，各种不同的哭，有不同的应对方案。

→ "啼哭"分三种

婴儿啼哭是与父母交流的一种特殊性语言。婴儿通过这种方式来告诉父母他们所要表达的情感。

1 本能性啼哭

这种哭是婴儿本能的啼哭，这种哭就是为了哭而哭，只是婴儿在发出声音，不是因为他们有需求。有时，婴儿啼哭声音比较洪亮，这种哭声音响亮，婴儿呼吸均匀，气息充足，显示着婴儿的生机与活力，这种哭短时间内不需要过多干涉，是无害的，有助于婴儿发音系统和呼吸系统的发育。

2 需求性啼哭

这种哭是婴儿正常的生理需求的表现，婴儿的这种哭是有目的的。如果满足了婴儿的需求，这种哭很容易被安抚，比如，婴儿困了、饿了、渴了、不舒服等。

3 病理性啼哭

这种哭是婴儿可能生病的啼哭，父母对于异常啼哭必须警惕，这些哭声在气息、声调、节奏等方面均和正常啼哭不同，背后可能是某些疾病的征兆。

→ 本能性啼哭

婴儿本能性啼哭，是正常现象。婴儿在很高兴的时候也会啼哭，因为他们是在用哭来表达自己的情感。

在医院的产房里,新生儿的第一声啼哭,意味着新生命的诞生,这是新生儿和世界打招呼的特殊方式。

婴儿本能性啼哭时,哭声抑扬顿挫,声音响亮,不刺耳,而且有节奏感,每天能哭 4—5 次,每次哭的时间较长,一天累计在 1—2 小时。这其实是婴儿运动的一种方式,这时候,父母不要打扰他,但是要注意,时间不要过长。当父母觉得婴儿已经达到了运动的目的,就可以进行必要的安抚了,如轻轻抚摸、对他微笑、晃晃他的小手或者小脚丫,一般婴儿的啼哭会减弱,直到停止哭泣。

需求性啼哭

宝宝一哭，新生儿的妈妈立刻觉得宝宝是饿了，久而久之，养成了宝宝一哭就喂奶的习惯。最后宝宝吃奶就像吃零食，吃几口就不吃了。一小时喂好几次，结果妈妈也跟着神经衰弱了。那宝宝的哭声要如何分辨，怎么才能知道他到底要干什么呢？

父母可能都经历过这些状况：最喜欢的是我家娃的笑脸，但是最怕的就是他的啼哭。以为宝宝是饿了，结果喂奶，他却只吃几口就不吃了；以为是尿了，结果他伸出手要抱抱；以为是渴了，水瓶递给他，他却理都不理。宝宝睡前哭，睡醒哭，白天哭，晚上还是哭。其实这个时候的宝宝还不会说话，所有的情绪都是通过啼哭来表达的，除了上面讲过的本能性啼哭，更多的时候是需求性啼哭。每种哭声有什么不同？到底是表达什么意思呢？

其实宝宝的哭声是有区别的，但是区别很小，抓住这些细微的区别，才能有针对性地回应宝宝的需求。

▶ 宝宝饿了，要吃饭

刚刚出生的3周内，大多数时候，宝宝啼哭的原因都是饥饿。这时候的宝宝往往在吃到奶之后就会停止啼哭安静下来。这个时候的宝宝表现非常急切，仿佛迫不及待地要吃奶。

当宝宝饿了需要吃奶时，他们的哭声通常是低音调、有节奏的，并且会重复一个特定的模式。哭声先是短促的一声，然后有一个停顿，接着再停顿，再短促地哭一声。他们仿佛是在用啼哭来跟爸爸妈妈说："饿——饿——饿——"这个时候，如果妈妈走过来喂奶，宝宝就会急切地扑到妈妈的怀里。这也可以用来判断宝宝是不是因为饿了而哭泣。

当宝宝饿了的时候，父母应该将宝宝抱起来，用语言对宝宝进行安慰："宝宝饿了，我们马上吃饭啦。"这样来缓解宝宝紧张的情绪。在喂奶的时候，妈妈也可以边喂奶边表扬宝宝："你很棒呀，宝贝，吃得好香呀。"同时跟宝宝保持亲密接触，让他更有安全感，妈妈的眼睛可以看着宝宝，让他安心地吃。

在通常情况下，宝宝每隔2到3个小时就会感到饥饿。这个时候父母不需要严格固定宝宝的喂奶时间，而是应该根据宝宝的食欲和是否吃过其他食物来灵活调整喂奶时间。这样可以更好地满足宝宝的需求，确保他得到足够的营养。不要为了让宝宝养成规律的习惯，必须到点再喂他，那样对宝宝的成长不利。

如果宝宝吃奶很快，那可以在中间暂停片刻，以便宝宝的呼吸更为顺畅。喂完奶之后，父母把宝宝上半身扶起来成为坐着的姿势，让宝宝的背对着父母的胸部，父母一只手绕到宝宝胸前扶住宝宝脖子，另外一只手从下往上拍背，帮助宝宝排出因为吃奶太着急而吞入肚子里的空气。

小婴儿的主要食物是奶，每次喂完奶后最好帮宝宝拍嗝。当然，有些宝宝不会吐奶，或者在竖抱后自然打嗝，这种情况下就不必刻意拍嗝。当开始添加辅食并逐渐以固体食物为主时，宝宝吐奶的情况会减少，这时就不再需要拍嗝了。

→ 宝宝渴了，要喝水

"孩子又哭了，可能又饿了。""喂了半天，孩子也不喜欢吃，要不换奶粉吧。"相信很多新手宝妈都有这种想法。宝宝哭了，就是饿了，喂点奶就好，但是"哭了就喂"未必管用，有的新手爸妈就认为宝宝不喜欢喝母乳了，打算换奶粉试试。但是有时候，宝宝哭了，可不是因为饿了，可能是渴了，要喝水。

宝宝的哭声里面有不耐烦的情绪，甚至宝宝做出了与饥饿相似的动作，并且不停地舔嘴唇的时候，表示他口渴了，这个时候需要喂他喝点水。有些妈妈说，孩子母乳喂养，不需要喝水，但是在夏天比较炎热的时候，宝宝也会因为出汗而造成嘴唇干，这个时候，补充一些水分，宝宝就会停止哭泣。如果是混合喂养或者是人工喂养的，那就要在两顿奶之间加上一些水。

是否缺水也可以根据宝宝尿液的颜色来判断，正常尿液颜色应该是透明色或者是很淡的黄色，如果宝宝的尿液是很黄的颜色，就是缺水的表现。

给宝宝喂水要灵活，可以根据天气情况和宝宝情况具体判断，在一般情况下，宝宝口渴的时候，喂他喝一些温的白开水就可以了。

→ 宝宝尿了，要换尿布

由于宝宝使用尿布，尿了之后，小屁股就会不舒服。这个时候，宝宝也会用"哭"来告诉妈妈，他会发出不是太大的哭声，哭声平稳，声调拉长，节奏也比饥饿时的哭声要缓慢，而且经常会有扭动身体的动作出现。这个时候，就要及时给小宝宝换干净的尿布了。

要换尿布的时候，妈妈可以跟宝宝互动，可以跟他说："宝宝真棒呀，自己能告诉妈妈尿尿了，妈妈很快就给你换好了。"这也可以算作对宝宝哭声的回应，这样宝宝才会更有安全感。

→ 宝宝需要妈妈抱抱

宝宝如果哭声强烈，手脚硬挺着，乱蹬乱踢，就表示他需要抱抱了。宝宝在妈妈的肚子里面成长了近 10 个月，他可以听到妈妈的声音和心跳。宝宝出生之后，面对这个陌生的"环境"，更需要妈妈这个唯一熟悉的人来帮助他。妈妈的拥抱能使宝宝找到之前的那个熟悉的环境，尤其是妈妈跟他说话，跟他对视，能让宝宝感到更多的爱和关注。

宝宝在这个时候哭，是需要妈妈的抱抱，妈妈不需要担心这样会宠坏宝宝，早期积极的回应会在宝宝的身体上留下记忆，成为他在成长过程中与他人交流的基础，经常获得积极回应的宝宝更容易获得安全感。

→ 宝宝困了，要睡觉

犯困时宝宝的哭声和有其他需求时宝宝的哭声是不同的。宝宝困了虽然在哭闹，但并不是声嘶力竭的哭。他们这个时候的哭声中透露着不耐烦、不情愿，眼睛紧紧地闭着，眉头皱着，哭声是断断续续的。这时候宝宝传达的意思是"我困了，要睡觉"。此时正确的做法，就是让周围尽快安静下来，把宝宝放在小床上，让他尽快入睡。这个时候，逗他、抱他、哄他是没有任何效果的，如果困了还不让睡觉，宝宝就可能会大声哭闹。

病理性啼哭

宝宝的一些病理性啼哭虽然没有明显的特征，但父母可通过伴随症状来判断宝宝啼哭的原因，如果是特征性啼哭，还可通过不同的伴随症状分辨不同的疾病。当宝宝的哭声伴有下面的症状时，就是在告诉父母："爸爸妈妈，我病了！"

病理性啼哭因宝宝疾病不同，哭声也是不一样的。父母可以根据下面的情况大致判断。

→ 我的肚子好疼

阵发性剧烈哭闹就是一阵一阵的剧烈哭闹，这种哭闹间隔的时间长短不一，每次发作所持续的时间也长短不一。这种情况下宝宝常常会显得非常不安，可能会双腿屈曲，看起来很痛苦。每次剧烈哭闹大约会持续 2 到 3 分钟，然后宝宝虽然恢复正常，但精神状态不好。在恢复正常 10 到 15 分钟后，宝宝可能会再次开始剧烈哭闹。

在哭闹的间歇期，宝宝可能会表现得和往常一样，一些父母可能会误以为宝宝只是在发脾气或者是饿了，而忽视了可能出现的疾病。

这种阵发性剧烈哭闹可能是某些疾病的信号，如果宝宝在阵发性剧烈哭闹时满床打滚，额头上冒汗，脸色发白，哭声尖锐，并且不让别人触摸他的腹部，这可能是胆道蛔虫或肠套叠的症状。如果宝宝的哭闹不是特别剧烈，但时而哭时而不哭，没有明显的规律，同时宝宝喜欢别人揉他的肚子，那么这种情况可能是肠道蛔虫或消化不良。

01 / "哭"也是一种语言

→ 我的头好疼

宝宝明明正在安静地躺着,突然发出尖叫般的哭声,声调很高,哭声很短暂,脸上发现有青色或者紫色出现,四肢肌肉抽动。这种情况表明宝宝的头很疼,这是一种危险信号,可能有脑出血或缺血性脑病,所以父母要赶快带宝宝就医。

→ 我很难受，没劲儿哭了

在一般情况下，父母很重视宝宝大声啼哭，对宝宝轻声呻吟的啼哭关注度不够，这是错误的做法，呻吟低哭不带情绪色彩，像哭一样，又像是在"哼哼"，这种表现其实是无助的哭泣，是严重疾病的自然表露。这个时候，父母要尽快带着宝宝就医。

→ 我憋得慌，喘不过气来

宝宝出现哭声短、低、急促，带有急迫感，像喘不过气来的情况，就是缺氧的信号。这时候，父母要赶快解开宝宝的衣扣、衣服上的带子，让宝宝的头微微后仰，不要紧紧抱着宝宝。

→ 我的嗓子太难受了

有时宝宝的哭声跟小鸭子叫一样，这个时候如果宝宝出现颈部强直、恶寒、发热等症状，应该考虑宝宝是否有咽后壁脓肿，应把这种哭声与一般的声音嘶哑进行区别。声音嘶哑是感冒引起的咽喉炎，而咽后壁脓肿较危险，若脓肿溃破，脓汁可能堵塞呼吸道危及生命。所以，若出现小鸭叫样啼哭应及时就医。

咽后壁脓肿是一种咽类疾病的名称，该病多因鼻、鼻窦、咽部的急性炎症，或因麻疹、流行性感冒等急性传染病导致咽后间隙内淋巴结化脓而引起。急性咽后壁脓肿多发生在1到3岁的婴幼儿中，成年人很少会得这种病。这种病一般发生在身体虚弱、经常生病或营养不良的宝宝身上。病情来得很快，最初的症状包括发冷、发热、喉咙痛、不愿意吃奶或吃东西，症状会逐渐加重。由于咽喉部位有脓肿，喉咙会变得狭窄，宝宝说话会变得含糊不清。喉咙肿胀会导致呼吸困难，宝宝的头通常会偏向一侧，脖子变得僵硬，转头时需要连同肩膀和身体一起转动，以减轻喉咙的疼痛感和改善呼吸。宝宝在进食时，食物容易呛入鼻腔或误吸入气道，导致剧烈咳嗽。

→ 我的耳朵不舒服

宝宝有时表现为哭闹不安，夜间更厉害。宝宝在哭的时候，经常会出现抓耳挠腮，或者头部来回摇摆，并不敢大声哭，这种情况可能是急性中耳炎，也可能是外耳道疖肿或外耳道异物，这时候需要带宝宝去耳鼻喉科就诊。

→ 我缺钙了

宝宝在夜间频繁醒来，哭一会儿然后又睡一会儿，很不安宁，就像受到了惊吓；哭的时候时常呈睡状，闭着眼睛哭，同时肢体抖动。宝宝的这种症状表明他可能缺钙了，这时妈妈需要给宝宝补钙。

在补钙的过程中通常会补充鱼肝油，而鱼肝油中含有维生素 A。如果维生素 A 摄入过多，就会引起中毒，表现为宝宝烦躁不安、多汗，症状和缺钙相似。如果父母忽视了宝宝维生素 A 中毒的可能，而仍然误认为宝宝是缺钙，继续给宝宝补充鱼肝油，甚至加大剂量，就会出现更严重的维生素 A 中毒症状。所以补充剂量要遵医嘱，而不要一味地给宝宝补钙。

一旦和妈妈分开就"哭"

分离焦虑是孩子成长过程中的一种常见现象，尤其是在6个月到3岁。孩子在这个阶段会表现出对分离的恐惧，一旦和照顾者（通常是妈妈）分开，就可能表现出焦虑和不安，哭泣是孩子表达不安情绪的方式。父母可以通过一些温柔的方法来帮助孩子克服这种焦虑情绪。妈妈在离开前可以告诉孩子很快就会回来，简短地解释离开的原因。在离开时，妈妈可以给孩子一个小物件，如一条围巾或一个小玩具，让他感受到妈妈的存在。这样，孩子虽然不能看到妈妈，但可以通过这个物件感知到妈妈的爱，逐渐学会安抚自己的情绪，建立起内在的安全感。

孩子很小的时候，对妈妈的依赖感特别强烈。对于孩子而言，妈妈不只是安慰和抚养他们的人，同时是他们内心情感世界的支柱。当孩子感到不安或者焦虑的时候，妈妈的存在就十分重要。当妈妈离开房间或者离开孩子那一刻，孩子由于内心恐惧，可能会立刻哭闹起来，他们的小手小脚会不安地挥动，目的是引起妈妈的注意，同时寻找妈妈的踪影。这个时候如果妈妈能及时回到孩子视线中，孩子很快会展现出安心的笑容。这种现象就是分离焦虑，不只存在于新生儿，还存在于幼儿。

孩子在这个阶段开始意识到自己和妈妈是两个独立的个体，但又没有完全建立起独立自主的安全感，所以说一旦要与妈妈分离，就会感到不安。妈妈的回归不仅是对孩子的回应，同时是在告诉孩子，无论何时何地，妈妈总会在他们需要的时候出现，给予他们支持和爱。这样的互动有助于孩子逐渐学会处理和理解自己的焦虑情绪，建立更强的自我安全感。

01 / "哭"也是一种语言

> 宝贝,妈妈只是去上班,很快就回来。你先和姥姥玩一会儿,好不好?

> 我不要妈妈走,小豆想妈妈,妈妈你别走,我要你陪着我。

一天清晨,李芸准备去上班,小豆和姥姥在客厅里玩耍。李芸整理着公文包,焦急地看着表:"妈,我差不多要走了。小豆的奶粉在厨房,就在上面的柜子里。"

姥姥点头,微笑着安慰李芸:"放心去吧,我知道了。""小豆,妈妈要去上班了,我们一会儿去公园好不好?"姥姥温柔地对小豆说。

小豆的眼泪开始在眼眶里打转,声音带着哭腔:"妈妈,不要去。"

李芸蹲下身子,拥抱小豆:"宝贝,妈妈只是去上班,很快就回来。你和姥姥玩一会儿,好不好?"

小豆哭声渐渐大起来,紧紧抱住李芸的脖子:"我不要妈妈走,小豆想妈妈,妈妈你别走,你要陪着我。"

姥姥上前轻轻拍着小豆的背:"小豆,姥姥带你去买蛋糕,你喜欢吃蛋糕对不对?"

小豆哭泣不止,语无伦次:"我不要蛋糕,我要妈妈……妈妈……我要妈妈……"

李芸眼圈也红了，心疼地看着小豆，问小豆姥姥："妈，我是不是做得不对？小豆这么依赖我，我却要去工作。我是不是应该等小豆大一点儿再去工作，现在是不是应该多陪陪小豆？"

姥姥安慰李芸："芸，这是正常的。小孩子总是会有分离焦虑的时期。你工作也是为了给小豆更好的未来。小豆要学会慢慢适应。"

李芸吻了吻小豆的额头，起身拿起公文包："宝贝，妈妈去工作了。姥姥会陪你的，妈妈晚上回来还带你看新书，带你玩你喜欢的玩具。"

小豆擦着眼泪，小声说："妈妈，回来，你不要走。"

李芸强忍着不回头，走出门外："妈，我晚上早点回来。你帮我多照顾照顾小豆。"

姥姥轻声说："放心吧，一切都会好起来的。"

→ 为什么会出现分离焦虑

孩子出现分离焦虑一般是从1岁之前就开始了。8个月左右，孩子就可以意识到，自己和别人是独立的。也就是从这个时候开始，分离焦虑萌芽。那什么是分离焦虑呢？妈妈、保姆、奶奶或者外婆等主要照顾孩子的人，要离开孩子视线的时候，孩子会出现焦虑反应，并且会持续很长的一段时间。

孩子出现分离焦虑最严重的是幼儿园时期，这个年龄段的孩子，都会在一定程度上出现分离焦虑的情况。孩子去幼儿园上学的第一天，通常会出现哭着进校门的情况。这是因为他们有自我意识，他们认为如果跟长期主要照顾自己的人分开，就意味着"他不要我了"，他们非常害怕被丢弃，他们需要时刻感觉到自己被父母爱着，这样他们才会有安全感，才能感到快乐。如果分离，他们就会哭闹，目的是争取爱。

01 / "哭"也是一种语言

→ **陪伴孩子面对分离焦虑**

孩子产生分离焦虑是一种成长现象，父母应该正确对待，如果这个时期的情绪波动太大，会对孩子的成长产生不利的影响，会让有些妈妈也产生"分离焦虑"。如果孩子的分离焦虑发生在幼儿园，对老师也会造成很大困扰。

① 分离要有所缓冲

童童今年5岁了，是一个非常乖巧的小男孩，特别黏妈妈和外婆。在妈妈上班的时候，外婆走到哪儿，他就跟着走到哪儿，还必须跟外婆牵着手。妈妈下班回来，他总要抱抱妈妈。每年暑假的时候，他都会跟着外婆回老家住上一段时间。

暑假快到了，童童既期待又担心。他喜欢和外婆一起在老家的时光，但他又不想离开妈妈。随着离开的日子一天天接近，童童越来越矛盾。每次想到回老家要离开妈妈，他就忍不住眼泪汪汪。终于到了回老家的那天，早上起来，童童就特别不开心。

童童非常舍不得妈妈，泪眼婆娑。童童说："为什么妈妈不能跟童童一起回去?"妈妈说:"因为妈妈要工作。"童童说:"为什么我有暑假,你没有暑假?我要妈妈一起回去。我舍不得妈妈,也舍不得外婆……"

妈妈深谙童童的心理,提前给童童准备了一个他非常喜欢的拼装积木玩具。童童跟妈妈约定,周末让妈妈去看他。然后童童才答应了跟姥姥回老家。

童童妈妈向孩子说清楚了什么时候可以再见面,孩子也就有了期待。并且在孩子和妈妈分开的时候,妈妈给孩子礼物,孩子也会认识到,妈妈还爱着他,不会因为分开而不爱他了。给孩子礼物的过程可以缓冲孩子的情感波动,减轻孩子的心理震荡。

妈妈在和孩子分离的时候,一定不要流露出依依不舍的神态,在送孩子的时候,也不能连连回头看他。不然孩子会察觉到妈妈的内心感受,体会到妈妈对自己的依恋,就更容易闹情绪。

② 给予孩子安全感

孩子从 8 个月开始,就有了独立意识,就会渐渐明白自己是一个独立的人了。但是这并不是说,孩子就不会再依恋妈妈,随着年龄的增长,孩子对妈妈的依恋也会越来越强烈。

其实可以认为这是一种"习惯"。即便是成年人,想象一下,你有一个朋友天天见面,已经习惯成自然,但有一天朋友出国了或者换了工作的城市,你会很长时间见不到他,也会产生一种分离感。这个时候,你也会感到悲伤和不舍。

孩子也是这样,在跟妈妈分开的时候,他内心中也是会有不舍和焦虑感,在妈妈要去上班,或者自己要去幼儿园的时候,他内心中的不舍便会通过哭泣表现出来。这个时候妈妈如果强行离开,可能会适得其反。时间长了,孩子可能会变得更加黏人,更加缺乏安全感。

要想应对孩子的分离焦虑,就要帮助孩子度过这个时期。妈妈应该掌握好时间和方法，不要在孩子生病的时候离开他，因为在生病时，孩子往往内心更加脆弱，更缺乏安全感。

妈妈可以尝试一些向孩子说明情况的方法。比如，在去上班的时候，告诉他："妈妈要去上班了，上班才能挣钱给宝宝买喜欢的礼物哦。"在送孩子去幼儿园的时候告诉他："你在幼儿园好好玩、好好学习，老师也会同样爱你的哟，妈妈五点钟准时来接你。"在每次离开的时候，给孩子一种仪式感，可以给他一个拥抱，让孩子感受到妈妈对他的爱并没有随着分开而减少。在跟孩子见面的时候，再给孩子一个拥抱，让他明白，分开是短暂的。

③ 给予孩子高质量的陪伴

在孩子很小的时候，父母应当对孩子的需求给予高质量的回应。当孩子哭泣时，父母应该迅速抱起他，用温柔的声音来安慰他。身体接触和温柔的话语对孩子来说很重要，这能有效地帮助孩子建立安全感。随着孩子渐渐长大，在他们开始探索世界的时候，父母可以通过一些简单的游戏来让孩子理解分离是暂时的。比如，躲猫猫游戏，父母藏起来，让孩子找。慢慢地孩子可以意识到即使看不到父母，父母也总会回来，孩子可以懂得父母是不会离开他的。这样潜移默化的影响，会让孩子慢慢地减少分离的焦虑和恐惧。

一见到陌生人就"哭"

"之前宝宝不这样,现在一见到陌生人就哭。"

"除了爸爸妈妈,现在谁都抱不了他了。"

"这是怎么回事啊,我一个月没回家,孩子不让我抱了。"

很多父母都经历过这样的情况,孩子不知道从什么时候开始,变得认生了。3个月以内的小婴儿,能感知人脸的模样,也可以分辨出亲近的人和陌生人,但是他们没有长时记忆能力,所以不存在陌生和熟悉的概念,也就没有认生的反应。虽然,小婴儿有的时候可以通过声音和气味来识别妈妈,但是在很小的时候,他们只要有人照顾就可以了,至于这个人是谁,都没有关系,只要不是自己待着。

从4个月开始,孩子会表现出长时记忆能力,不仅能够区分亲近的人和陌生人,还会对陌生人产生恐惧感和不安全感,从这个时候开始,就会出现认生的现象。这种现象说明孩子的感知能力和识记能力在发展,是心理发展的一个正常过程,也是一种天生的自我保护能力。当孩子到了18个月左右,由于接触陌生人的机会增加,他们对陌生人的恐惧感会逐渐减弱,认生的现象也会逐步消退。随着他们社交经验的不断丰富,他们会变得更加自信和开放,对周围环境的适应能力也显著提升,见到陌生人就哭闹不安的情形会越来越少,他们能够自然地接受新面孔,并且更愿意与不同的人互动。

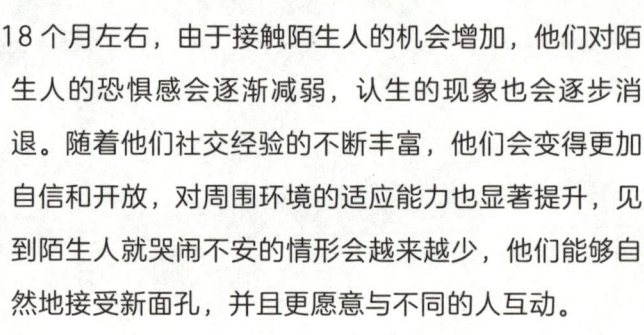

小虎6个月的时候，有一天他正趴在爬行垫上，兴致勃勃地玩着他的小玩具。突然门铃响了。小虎的妈妈赶忙去开门，迎接从老家过来看望孙子的奶奶。

都说隔辈亲，奶奶刚进门，就放下手中的行李，急忙洗了个手就一把抱起小虎，想跟他亲近亲近。"哎呀，我的小虎！奶奶可想你了！"奶奶的声音里满是激动和喜悦。

爬行垫上的小虎看到一个陌生人突然靠近，他的小脸一下子僵住了，眼里满是惊恐。"哎呀，小虎，我是奶奶呀，你不记得我了？快过来让奶奶抱抱。"奶奶毫不迟疑地把小虎抱起来。

小虎被这一突如其来的动作吓坏了，小嘴一瘪，眼泪立刻像断了线的珍珠一样往下掉。"哇——"他哭得声嘶力竭。

旁边的妈妈赶紧过来哄："乖，乖，不哭了，这是奶奶呀，你忘了啊？没事的。"

奶奶看到小虎哭得这么厉害，有些无奈和心疼："哎呀，这孩子怎么不认奶奶了呢？5个月不见，一点儿印象也没了。"

妈妈安抚着小虎，温柔地解释道："妈，小虎现在正是认生期，不太适应突然见到陌生人。咱们慢慢来，让他逐渐熟悉您。"

奶奶点点头，叹了口气说："好，我不着急，慢慢来。"

晚上，小虎睡觉的时候，似乎还在回忆白天的事情，总是翻来覆去睡不安稳。妈妈轻轻哼着摇篮曲，柔声说道："没事的，宝宝，妈妈在这儿陪着你呢。"

几天后，小虎渐渐习惯了奶奶的存在。有一天，他竟然主动向奶奶伸手，要她抱抱。奶奶感动得眼睛都湿润了，小心翼翼地把小虎抱在怀里，轻轻摇晃着。妈妈看到这一幕，欣慰地笑了。

→ 为什么会出现认生期

其实，这是一种陌生焦虑的现象，是孩子变聪明的一种表现，是孩子情感发展的一个里程碑。

随着孩子大脑的发育，他们逐渐具备辨别"熟悉"和"陌生"面孔的能力。当他们看到熟悉的面孔时，他们能知道这些面孔与他们的日常生活息息相关，代表了可靠和温暖的环境，所以他们会感到安全和依恋。

但是当孩子看到一个不熟悉的面孔时，他们的第一反应是警惕，因为在他们的认知中，这个陌生人可能会带来未知的威胁。所以孩子只能通过号啕大哭来表达内心的恐惧和寻求保护。这种对陌生人的恐惧和哭泣的反应，虽然看起来是负面的，但其实是孩子大脑发育过程中重要的一部分。随着他们逐渐长大，接触陌生人的机会增加，社交经验也会更加丰富，他们的大脑会慢慢学会处理和适应这种"陌生"的感觉。

→ 孩子认生，爸爸妈妈怎么做

认生是孩子发展的一个正常阶段，父母应该正确对待，千万不要为了让孩子不

害怕，而避免他们接触陌生人，或者是在见到熟人时，就远远打个招呼，抱着孩子赶紧走开。这种做法使孩子失去与陌生人交往的机会，会压抑孩子自主性的发展，使他们怀疑自己的能力，对事物形成胆怯的心理。所以在保证安全的情况下，父母要鼓励孩子多探索有趣的事物，多接触一些"陌生人"，锻炼孩子的心理接受能力。

孩子在一般情况下，对妈妈的依赖感会更强一些，所以妈妈的出现会让孩子感觉到安全。孩子如果确认妈妈在身边，就会更加自主地探索新鲜的事物。哪怕是在陌生的环境中，或者是在遇到陌生人时，只要妈妈在身边，他们就会多一分安全感。所以妈妈可以有意识地为处在认生期的孩子创造一些有利条件，如告诉他们："妈妈在你身边，不用怕。""这是 XX 叔叔，快叫叔叔。""这个小朋友的妈妈跟妈妈是朋友，你们可以一起玩呀！"这样可以让孩子逐渐克服胆怯心理，消除对陌生人的恐惧感，进而培养孩子的独立性。

有些父母为了锻炼孩子，强行让孩子待在一个陌生的环境中，这会导致他们抗拒的心理越来越严重，可能会造成孩子严重的心理问题。所以父母应当认真对待认生期的孩子，帮助他们顺利度过认生期。

❶ 认识到孩子认生是正常现象

父母要认识到一点，认生期是每个孩子都要经历的成长阶段，不要因为孩子认生，让父母在某些熟人面前丢了面子，就对孩子发脾气。这样孩子会认为，爸爸妈妈因为不相干的人，生他的气，更加不会对陌生人有好感，这是一个恶性循环。

❷ 轻松应对孩子不熟悉的人

对于进门的朋友笑脸相迎，让孩子跟陌生人之间保持距离，父母可以开心地和陌生人对话，要给孩子时间和空间来应对陌生人，让孩子能观察到自己脸上开心的表情，从而联想到"妈妈见到她很开心，那她就不是坏人"。

❸ 迎合孩子的心理

如果有陌生人来访，妈妈可以让陌生人在想抱孩子或者跟孩子说话之前，迎合孩子的心理，可以先逗逗他，妈妈也可以对孩子说："这是张阿姨，她是妈妈的好朋友哦。"然后让陌生人拿着孩子喜欢的玩具跟他说："给你这个玩会儿吧。我跟你一起玩，好不好呀？"孩子可能会慢慢接受对方，然后熟悉对方。

❹ 平时带孩子出去转转

如果孩子认生很严重，多半是因为孩子平时很少接触外面的世界。所以在孩子认生期到来之前，父母要有意识地带着孩子多出去走走，让他多见一些陌生人，多接受一些陌生的环境，让孩子能感受到不同人的面孔和声音。当孩子认生期到来的时候，父母可以带他去之前去过的地方走一走，转一转，看看之前那些熟悉的人和地方等，这样可以有效缓解孩子的认生焦虑。

❺ 不要批评孩子

年幼的孩子往往通过成年人的反应来形成自我认识，因此父母的态度和情感要保持稳定，不能将自己的负面情绪发泄到孩子身上。孩子有了安全感后，自然会更勇敢地接触陌生的人和环境。

孩子认生的现象通常与"害怕"相关，所以父母需要为孩子营造一个温馨的家庭氛围。在孩子的认生期，父母要有耐心，不要因为孩子突然哭闹而责骂他。相反，父母要给予孩子足够的安全感，帮助孩子逐渐放松紧张的心情。当孩子在陌生的环境中感到不安时，父母应轻声安慰他说："爸爸妈妈在这里陪着你，没关系的，不要害怕宝贝。"

孩子会通过父母温柔的话语获得安全感。父母的耐心和稳定的情感表达，是帮助孩子克服认生恐惧的重要因素。

→ 认生和孤独症有什么区别

在陌生人面前，一些孩子会本能地感到不安。这种认生现象与孤独症有根本的不同。孤独症通常是先天性的，发病于两岁半以前。患有孤独症的孩子不会与任何人交流，无论是父母还是老师都无法与他们建立有效的沟通。

01 / "哭"也是一种语言

　　认生是孩子对陌生人的自然反应，而孤独症是一种先天性的发育障碍，表现为与所有人都难以交流，如果孩子不愿意跟父母交流，就喜欢自己一个人玩，并且害怕身体上的接触等，那就要注意观察他是不是有孤独症的倾向。父母如果发现孩子有异常行为，应该先带孩子去专业门诊排查心理疾病的可能，不要把孤独症看成认生，从而耽误了治疗的最佳时机。

摔倒后越"哄"越"哭"

在刚刚学会走路的时候，孩子摔倒十分常见。当孩子摔倒后，如果父母试图安抚他们，却发现他们的哭声反而更加激烈，这种哭泣往往因为孩子在摔倒时感受到惊吓和疼痛，加上父母焦虑情绪的传递，使孩子情绪更加紧张，或者是孩子发现父母来关心，用哭声来博取父母的同情。那孩子摔倒后应该怎么办呢？父母应该做什么，怎么判断孩子是不是摔伤了？

因为孩子从出生就完全依赖父母生存，所以人类进化出了一套超强的察言观色的能力。在日常生活中小孩子摔倒了，不管是不是真的摔疼都会哭一场。当孩子摔倒时，很多父母都会表现出一种焦虑、担心、紧张的情绪，这些情绪会在无形中传递给孩子。孩子通过观察父母的面部表情和行为语调，慢慢了解到摔倒和哭泣之间的联系。所以在摔倒后，即便不是很疼，孩子也要哭，这是因为他们从父母那里得到了一种暗示，那就是摔倒了就要哭。从心理学的角度上来说，孩子对于父母情绪的敏感度很高，他们能通过父母的行为、情绪变化来判断环境的安全性。当父母表现出冷静和自信，孩子在面对摔倒等小意外时也会更容易平复情绪，反之则会加剧他们的紧张和不安。

多多今年3岁了，长得特别可爱，胖嘟嘟的脸上经常洋溢着笑容。多多的爸爸妈妈工作很忙，所以平时都是多多的爷爷奶奶帮忙照看多多。有一天，奶奶带着多多在公园里玩。多多看见花花草草非常兴奋，于是就到处跳啊跑啊，满脸都是笑容。

忽然，多多一个不小心被石头绊倒了。奶奶赶紧跑过来，心疼地把多多抱起来，仔细检查她有没有受伤。原本多多只是皱着眉头，还没有哭出声，奶奶一边安慰一边说道："哎呀，我的小宝贝，哪里疼了？奶奶看看，别怕别怕。"

多多听到奶奶温柔的声音，反而哇哇大哭起来，泪水止不住地流下来。奶奶心疼得不得了，抱着多多轻拍着她的背，试图让她平静下来。看到多多哭得更厉害了，奶奶有些着急，便开始用脚狠狠地踩那块绊倒多多的石头："让你绊倒多多！让你绊倒多多！奶奶打你！"但是多多哭得更厉害了，怎么哄也哄不好……

其实多多这种情况并不少见。现在的孩子成长在一个非常安逸的环境里，父母生怕孩子受到一点点的委屈和伤害。俗话说"隔辈亲"，爷爷奶奶更是心疼孩子。这种做法其实是不可取的。孩子刚学会走路，磕磕碰碰在所难免，对于孩子来说，摔倒了也并不是一件可怕的事情，甚至可能是有趣的事情。一般的摔倒，并没有父母想象得这么厉害，心理学研究表明，对于同样程度的疼痛，孩子所感受的要比成年人轻得多。但是在这个时候，如果父母格外紧张和关心，看到孩子摔倒了，就觉得他受伤了需要安抚，那孩子自然也会以父母所期望的方式做出反应。这种方式叫作"表演性哭泣"或者"操作性哭泣"，孩子的哭泣并不是真实的情绪宣泄。

如果父母总担心孩子摔疼了、摔坏了，看到孩子摔倒就马上跑过去安慰，反而会让孩子产生恐惧、紧张或委屈的情绪，进而越哄哭得越厉害。

橙子今年两岁半，平时是个很坚强的小男生。他特别喜欢跟爸爸一起出去洗车，每次都能把车洗得干干净净，像一块闪亮的宝石。每到周末，橙子总是兴奋地拉着爸爸的手，说："爸爸，我们去洗车吧！"

有一天天气很好，橙子和爸爸又一起到楼下的花园里洗车。橙子手里拿着一把小水枪，满脸期待地准备开始工作。

爸爸微笑着对他说："橙子，今天我们要把车洗得比上次还干净哦！"

橙子点点头，认真地说："好的，爸爸！我们一定会做到的，开始干活喽！"

爸爸负责擦洗车顶和车窗，橙子用小水枪冲洗车轮。地上渐渐积了一些洗车液，加上有水，所以有点滑。橙子正在兴致勃勃地冲洗着车轮时，不小心脚下一滑，摔到地上。爸爸听到声音，立刻放下手中的擦车布，跑过来观察橙子的情况。

"橙子，你摔到哪儿了吗？"爸爸蹲下来，语气中虽然有些心疼，但他尽量保持较为平静的语气，因为他知道如果他紧张，橙子就会更紧张，因此他并没有表现出特别紧张的情绪。

橙子强忍着疼痛，慢慢地爬了起来，抬头看着爸爸说："没事老爸，就是腿上磕到了一点点，我有一点点疼，没事没事，一会儿就不疼了。我下次会注意的。"

爸爸查看了橙子的膝盖，发现只是轻微的擦伤。他轻轻地抚摸着橙子的头，温柔地说："橙子真勇敢。你很棒，是个小男子汉。地上有水，我们一定要注意安全。"

橙子点点头，认真地说："好的，爸爸。我以后会小心的。"

爸爸露出了欣慰的笑容，抱了抱橙子，说："那我们继续把车洗完，好吗？"

橙子咧开嘴笑了起来："好啊，爸爸！我们要把车洗得亮亮的！"

01 / "哭"也是一种语言

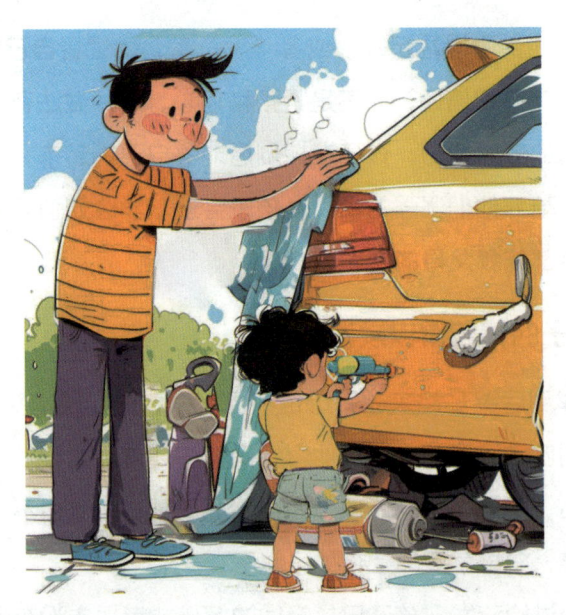

　　橙子的爸爸做得对，在孩子摔倒之后，他没有表露出紧张的神情，而是观察孩子有没有受伤，然后给予鼓励，鼓励孩子要坚强，要勇敢地站起来。当然，也并不是说所有的孩子摔倒后都不要安抚，父母应该做出理性的判断，如果孩子真的摔伤了、摔痛了，父母就要立刻将孩子扶起来，给予关切的安慰，查看孩子的伤势，这样孩子才能感受到他成长在一个被关爱包围的环境中。

　　为了孩子的心理能健康成长，也为了孩子增强独立性，当孩子摔倒的时候，父母应该注意以下几点。

→ 鼓励孩子，尝试自己站起来

　　如果孩子摔倒后没有哭，父母可以不用急着过去查看，可以假装没有看到。在这种情况下，如果孩子能很快自己站起来继续玩，那就说明并没有发生什么严重的事情，父母可以放心。

　　如果孩子摔倒后没有站起来，但也没有哭，父母要尽量保持镇定，用平和的语气鼓励孩子自己站起来。这种方式有助于避免孩子因为恐惧而大哭，也能防止父母的紧张情绪传递给孩子，导致孩子紧张哭泣。父母可以说一些鼓励的话，如"你可以的，慢慢站起来"或者"没关系，试试看自己站起来"。孩子会感受到父母的支持和信任，而不是紧张和担心。这种做法有助于培养孩子在遇到类似情况时的应对能力。孩子在摔倒后能够自己站起来，不仅能增强他们的自信心，还能培养他们坚强的品质。孩子会逐渐学会如何处理小挫折，而不是每次遇到困难都依赖父母的帮助。

→ 让孩子的情绪得以发泄

如果孩子摔倒后哭了起来，父母也不要慌张，先要检查孩子有没有受伤。可以看看孩子的四肢、头部以及其他容易受伤的地方，如果发现擦伤、红肿或其他明显的伤口，要做相应的处理。如果情况严重，如流血不止或者孩子表现出极强的疼痛感，父母就要马上带孩子就医。

如果父母经过检查发现孩子只是轻微的擦伤或者根本没有受伤，那么可以让孩子哭一会儿。哭是一种自然的情绪释放方式，有助于孩子缓解摔倒带来的恐惧和不适。父母可以轻轻地拍打孩子的背部，安抚孩子的情绪，让他知道自己是安全的。此时，父母可以用温柔的语气对孩子说一些安慰的话，如"没事的，妈妈/爸爸在这里""你很勇敢，很快就会好起来的"。

在孩子哭的时候，父母要特别注意避免做以下几件事情。

不要阻止孩子哭。哭泣是孩子表达情绪的一种方式，压抑这种情绪可能会让孩子感到更加不安。

不要对孩子说"你怎么这么爱哭"之类的话。这种评价会让孩子产生自我怀疑，影响他们的自信心。

不要责怪孩子摔倒。这不仅无助于解决问题，还会给孩子带来额外的心理压力，让他们感到自己做错了什么。

在孩子摔倒哭泣时，父母应该表现出理解和支持。温柔的安抚和积极的鼓励，可以帮助孩子缓解情绪，让他们明白摔倒并不可怕，重要的是学会如何面对和处理这样的情况。孩子不仅能从摔倒中尽快恢复过来，还能逐渐培养起应对挫折的能力，变得更加坚强和独立。

→ 培养孩子总结经验教训的能力

孩子在日常活动中，摔倒、磕碰都是常见的。在孩子摔倒后父母不能真的什么都不管，而要把摔倒看作一个学习的机会。父母应当及时给予正确的引导，让孩子从中总结经验教训。

父母可以给孩子做一些示范，比如，教孩子如何避开障碍物。父母可以用轻松的方式告诉孩子，当看到地上有东西时，要绕开它走。如果孩子因为碰到椅子而摔倒，父母就要告诉孩子，要绕过椅子就不会再摔倒，切记不要说椅子不好。父母可以做几次示范，让孩子明白这个道理。父母也可以和孩子一起玩一些简单的游戏，通过游戏的方式教孩子避开障碍。

父母可以帮助孩子调整走路的姿势或方法。如果孩子的走路姿势不正确，容易摔倒，父母可以轻轻地握住孩子的手，慢慢引导他调整姿势。比如，教孩子双脚要平稳着地，不要急着跑等。如果孩子愿意配合，父母就要多鼓励，让孩子知道他在进步，这会增强他的自信心。

如果孩子在摔倒后表现勇敢，比如，摔倒次数少了，或者不哭不闹自己站起来了，父母就要及时给予鼓励和嘉奖。父母可以用温柔的话语称赞孩子，如"你真勇敢，自己站起来了"或者"我的宝贝是最棒的"。这样的鼓励会让孩子感到自豪，有利于培养他的自信和勇敢的品质。

晚上突然大哭伴随着尖叫

宝宝刚出生，新手妈妈往往最担心宝宝哭闹，尤其是宝宝半夜哭闹不止，一哭就是一两个小时，怎么哄都没用。宝宝经常哭得脸都红了，喂奶也不吃，抱着哄也不管用。这真是妈妈的噩梦。

这种情况很有可能是婴儿腹绞痛了，这是由宝宝肠壁平滑肌阵阵强烈收缩或者肠胀气所引起的疼痛，是宝宝急性腹痛中常见的一种，一般发生在夜间，多见于 6 个月以内的婴儿，并且一般发生在易激动、兴奋、烦躁不安的宝宝身上。

→ 婴儿腹绞痛是什么

婴儿腹绞痛是指一些婴儿突然性地出现大声哭叫的现象，这种哭叫可能持续数小时，也可能是间歇性发作。婴儿在哭闹时一般会表现出面部逐渐变红，口周苍白，腹部胀，双腿向上蜷起，双足发凉，双手紧握的症状。无论是抱着哄还是喂奶，都无法缓解他们的痛苦，直到他们哭得力竭，通过排气或排便后疼痛缓解才会停止哭泣。

从严格意义上来讲，婴儿腹绞痛并不是一种疾病，而是用来形容宝宝哭闹不止的状况。一些儿科医生认为婴儿腹绞痛的定义是，健康的婴儿每天哭闹超过 3 小时，每周至少有 3 天，且这种情况持续超过 3 周。如果家中的婴儿出现类似的症状，可以判断他们可能患有婴儿腹绞痛。尽管婴儿腹绞痛症状不会永久持续，一般在婴儿 3—4 个月时会自然消失，但对于新手父母来说，这段时间可能显得非常漫长。

→ 引起婴儿腹绞痛的原因

婴儿腹绞痛是婴儿在生长发育的过程中一种常见的现象。这种现象产生的原因主要有以下几种情况。

（1）婴儿吃奶时会吞进去大量空气，加上婴儿容易哭闹，也会吸入大量的空气，形成气泡，在肠内移动导致腹痛；

（2）喂奶较多，造成婴儿过饱，婴儿胃部过度扩张引起不适；

（3）牛奶过敏诱发婴儿腹绞痛；

（4）一些较易兴奋的婴儿对各种刺激的反应也会引起婴儿腹绞痛。

越来越多的证据表明，婴儿腹绞痛与他们肠道中的细菌有很大关系。临床研究发现，患有婴儿腹绞痛的婴儿肠道内有益细菌数量较少，而有害细菌的数量较多，这些有害细菌会引起更多的炎症反应，可能导致各种消化问题，包括婴儿腹绞痛。

→ 婴儿腹绞痛的症状

婴儿腹绞痛主要表现为毫无缘由地长时间哭闹，其哭声音调很高，听起来像在尖叫，表明处于疼痛状态。无论父母做什么都难以安抚婴儿，婴儿哭闹声很大且很难平息，通常在婴儿放屁或排便后疼痛才会有所缓解。

在哭闹的同时，婴儿可能会伴随蹬腿、胳膊僵硬、弓背、肚子膨隆变硬等症状。这种哭闹行为一般是阵发性的，在无明显诱因的情况下即可突然发生，常发生于晚上，表现为婴儿哭一阵，停一阵。

→ 婴儿腹绞痛的治疗方法

❶ 不要病急乱投医

虽然婴儿腹绞痛不算是一种病，但会让宝宝非常痛苦，当然也让父母非常焦虑，时间长了全家人都会感到心力交瘁、疲惫不堪。有些父母急于解决问题，会采取一些不靠谱的方法。

如果宝宝一直哭闹，父母要检查一下是否有其他原因，比如，是不是饿了、尿湿了或者拉大便了。有时候，宝宝一开始可能只是因为这些简单的需求没有得到满足，情绪才逐渐失控，最终引发婴儿腹绞痛。所以父母要注意，不要宝宝一哭闹就认为是婴儿腹绞痛，要先排除原因。

② 缓解婴儿腹绞痛的办法

（1）喂奶。让宝宝通过吃奶快速平静下来，吮吸也更容易让宝宝安心，进而缓解症状。

（2）按摩宝宝腹部。顺时针方向按摩宝宝腹部，帮助宝宝排出肠道内的气体，缓解因为胀气造成的不适感。

（3）飞机抱或者让宝宝趴在腿上。可以将宝宝面朝下放在前臂上或腿上，宝宝看起来像飞机一样，这时父母轻轻摇晃或给宝宝按摩后背。这两种姿势能让宝宝感觉舒服，较快缓解疼痛。但需要注意的是，宝宝刚吃饱后不要用这种姿势抱宝宝。

（4）拍嗝。前面已经讲过拍嗝的步骤，每次吃完奶后，要给婴儿拍嗝，即使婴儿没有不舒服的表现也要拍。蹬自行车的姿势也非常有效。可以让婴儿仰面躺在床上，推拉他的小腿，与蹬自行车的动作一样，同时做鬼脸吸引他的注意。父母给婴儿做这两个动作就会发现孩子很享受。如果仔细听，还能听到一连串的气体排出来。

→ 婴儿腹绞痛的预防方法

① 正确冲泡奶粉

在冲泡奶粉时，先要注意的是使用干净的水和干净的容器。将水加热到38—40摄氏度，这是奶粉溶解的最佳温度范围，不会破坏其中的营养成分。然后根据奶粉的说明书准确量取适量的水和奶粉。

喂奶时需要注意让奶嘴充满奶液，不要有空气残留在奶嘴内，奶瓶倾斜的角度也要适中，避免奶嘴有斜面。在喂奶的过程中，宝宝的姿势要舒适，可以选择半躺或斜靠的姿势，让宝宝感觉放松即可。瓶喂需要定期检查奶嘴的孔径，确保孔径合适。如果奶嘴孔太大，奶液流速过快，宝宝可能会呛到；如果孔太小，宝宝吸得太费力，也会引起不适。

② 拍嗝和趴睡

无论是在喂奶的过程中，还是在喂完奶之后，父母都可以竖着抱宝宝，拍拍嗝。平时可以让宝宝一天趴着睡1—2个小时，进行后背按摩，促进宝宝的肠道蠕动，预防肠胀气。

③ 母乳喂养的妈妈营养要均衡

妈妈的营养关系到宝宝的营养，所以妈妈要均衡饮食。有人说，妈妈如果吃了容易产气的食物，如红薯，会导致宝宝胀气，但是不用完全忌口，以营养为主，在宝宝胀气严重的情况下，妈妈可以适当减少此类食物的摄入。妈妈要注意糖分的摄入，摄入过多会过度发酵，使宝宝产生胀气。当然最主要的还是要注意营养均衡，注意食物的多样性。宝宝胀气是常见情况，及时排出气就可以了。

④ 多观察，及时回应

婴儿腹绞痛一般发生在3—4个月的宝宝身上，这段时间宝宝啼哭，父母要引起足够的重视，多安慰，多拥抱，调整自己的情绪来减少宝宝的哭闹次数。注意宝宝的喂奶时间，分清楚宝宝什么原因哭闹，不要一哭就喂奶。在确诊婴儿腹绞痛之前，父母一定要先排除胃肠的其他疾病，确定没有其他疾病后，父母要耐心对待宝宝，帮助他度过这3个月左右的时间。

02

初来乍到
——孩子如何适应这个世界

孩子在成长过程中，会表现出各种各样的行为，这些行为不仅反映了他们对周围世界的探索和适应，也让父母感到困惑和担忧。从喜欢盯着妈妈看到不好好吃饭，从拒绝吃药和打针到啃手指的习惯，这些行为都是孩子在表达自己的情感需求，是孩子适应新环境的一种方式。

喜欢盯着妈妈看，是孩子在寻求安全感和情感联结；不好好吃饭，可能是孩子不喜欢某种食物或是试图表达独立性；拒绝吃药和打针，是孩子对陌生体验的抗拒；啃手指，则是孩子在焦虑或无聊时的自我安抚方式；大小便带来的满足感，是孩子对自身控制能力的初步体验；突然"爱"撒谎，可能是孩子在试图理解现实与幻想的界限；乱扔东西，是他们在探索因果关系；打人行为，是他们情感和冲突的表现；模仿成年人，是他们学习和理解社会行为的自然方式。

理解这些行为背后的原因，父母可以更好地帮助孩子适应这个世界，给予他们适当的引导和支持。通过理解这些"重要的小事"，父母不仅能更好地理解自己的孩子，还能在孩子成长的每个关键时刻提供更有力的支持。每一种行为，都是孩子成长过程中的一个小小步伐。

喜欢盯着妈妈看

无论是刚出生的小宝宝还是大一点儿的孩子,都喜欢盯着妈妈看。其实他们是在找寻妈妈的目光。自从有了孩子,妈妈看向孩子的目光中就仿佛有一道光,孩子能在妈妈的目光中看到自己,感知自己是被爱的,也能感知这个世界是友好的。看到妈妈,孩子仿佛就感觉到自己是被爱包围的,这是孩子建立安全感的主要行为。

很多妈妈都会注意到,宝宝还很小的时候,就特别喜欢看着妈妈的脸。在孩子的眼中,妈妈就是世界上最美的女人。特别是在喂奶的时候,小宝宝喜欢一边吃奶一边看着妈妈。这时候如果妈妈温柔地回望宝宝,宝宝就会展现出幸福的笑容。如果妈妈在喂奶时心不在焉,宝宝则会不安地挥动小手小脚,试图吸引妈妈的目光。

孩子大一点儿也是这样,他在玩玩具或者看书的时候,也总是喜欢妈妈在旁边陪着,妈妈在旁边,他就能玩得很开心,看书也能看很久。有时候,孩子就想坐在妈妈旁边,什么都不干,只盯着妈妈看。这到底是怎么回事?

安安静静地躺在摇篮里,眼睛好奇地四处张望着。当他的目光定格在妈妈脸上时,他激动起来,眼睛也亮了起来。妈妈李梅正在忙碌地整理着安安的尿布和被褥,但她仿佛感受到了安安的目光,急忙放下手中的活计,微笑着走到摇篮边。

"嘿,小安安,我的宝贝,你在看妈妈吗?"李梅的脸上洋溢着母爱的温柔。

安安虽然听不懂,但能听到妈妈的声音,眼睛里闪烁着兴奋的光芒。他现在刚6个月,还不会说话,但他的小手挥舞着,好像在回应妈妈的问候。

李梅弯下身,把安安抱了起来,盯着他看,安安能感受到妈妈的温暖和被妈妈抱着的安全感,笑了起来。虽然安安还不会说话,但李梅知道,这是她和宝宝之间情感交流的重要时刻。

"你的笑声是妈妈在世界上最喜欢的声音。"李梅边说边用鼻子轻轻地碰碰安安的鼻尖,宝宝发出更开心的笑声。

每一次安安盯着妈妈的时候,都是妈妈和安安一次沟通的机会。安安的每一次注视,都是在用自己的方式说:"妈妈,我需要你。"安安每一次挥手,也仿佛是给妈妈的回应。安安每一次笑容,都是给予妈妈的爱。一个微笑、一个拥抱或一段对话,对于宝宝的情感发展是极为重要的。

→ 孩子的"看"

孩子一出生，就能感受到周围的世界。而他们最早做的一件事，通常就是看到并识别妈妈的脸。这种能力令人惊叹，这是宝宝与妈妈建立情感连接的开始。妈妈的面孔对婴儿有一种天生的吸引力，这有助于他们在新环境中找到安全感和舒适感。

婴儿在出生后不久就开始对人脸表现出兴趣，尤其是看到妈妈的脸时，他们会显示出更强的注意力和兴趣。这不仅是因为妈妈的脸是他们视觉的焦点，更是因为妈妈的脸代表着爱、安全和抚慰。通过眼神和面部表情的交流，妈妈和宝宝之间的情感纽带开始增强。妈妈在喂养、抚摸宝宝或对宝宝说话时，这种纽带会逐渐变得更加坚固。宝宝会通过妈妈的声音、表情和触摸来学习和理解这个世界，而这一切都是从识别妈妈的脸开始的。

从宝宝出生开始，所有人中与宝宝接触时间最长的就是妈妈。这种持续、密切的接触，能够让宝宝加深对妈妈的认知和依赖。妈妈的声音、气味和抚触，都是宝宝感受安全和舒适的来源。这一点，到宝宝大一些的时候也不例外，以至于五六岁的孩子经常会说："我喜欢妈妈的味道。"实际上，"妈妈的味道"不是指某种味道，而是孩子在妈妈身边所感受到的安全感和舒适感。

所以说，在孩子总盯着妈妈看的时候，妈妈要适当给予他一些鼓励，给他一些慈爱的、温柔的回应，孩子也会认为自己是被爱包围的，甚至这个世界是美好的。相反，如果妈妈因为一些个人原因，或者生活中的不顺心的事儿，给予孩子一些厌恶的目光，那么孩子可能就会在心理上、在情绪上产生一些问题，甚至会影响孩子的性格和身心发育。

有些新手妈妈在喂奶时单纯认为，宝宝只要吃饱就够了。或者有些妈妈认为宝宝总缠着自己，是所谓的"恋母"，一味地逃避。这些都是错误的想法。妈妈应该做的不只是给孩子吃的喝的，还应该格外关注孩子的心理健康。新生儿吃奶不仅仅是满足生理需求，有时候也是自己精神上的安慰。宝宝盯着妈妈看的时候，妈妈应当及时给予回应，从精神上给予慰藉。

→ 妈妈的情绪影响着孩子的情绪

妈妈的情绪在很大程度上影响着孩子的情绪发展，乃至他们的心理健康。从宝宝呱呱坠地开始，妈妈的陪伴是最多的，因此妈妈对宝宝的影响也是最大的。

当妈妈表现出快乐、积极的情绪时，孩子可以通过妈妈的眼神和面部表情，找到正面的情绪，这种情绪可以直接传递给孩子，帮助他们感受到安全和快乐。当妈妈笑着对孩子说"你真棒！妈妈好开心！"这类的话语时，孩子也会因为妈妈的笑容和鼓励而感到幸福和自信。在这样的互动中，孩子可以学会正面的情感反应，这对于孩子形成健康的心理十分重要。

有些新手妈妈在生完宝宝之后，会陷入一种产后抑郁的状态中，具体表现是无精打采、情绪低落、易暴躁、易愤怒，也无心照顾宝宝。如果是这种状态下的妈妈在照顾宝宝，这种焦虑和抑郁的情绪也会影响到宝宝。宝宝天生敏感，能感受到妈妈情绪的变化。妈妈在情绪低落时，可能会无意识地表现出对宝宝不耐烦的情绪，抑郁的妈妈可能会在喂奶时心不在焉，对宝宝的微笑和互动反应迟钝，宝宝可能会觉得困惑和不安，用小手小脚不停地摆动来引起妈妈的注意。长期这样的环境可能会影响宝宝的情绪发展，甚至影响他们的心理健康。一些宝宝会说："我怕妈妈生气。""妈妈，你别生气，我错了。"这一类的话语其实一方面是宝宝懂事的体现，另一方面是妈妈对宝宝忽视所导致。也有一些孩子，长大后会出现无法体会他人的痛苦，或者自残，以折磨他人为乐趣等反社会人格。

→ 给孩子以情绪上的回应

情绪是人们表达感受的一种方式。妈妈的目光是温柔的，是善意的，是充满爱的。宝宝可以从妈妈的目光中，感受到自己是安全的，是被关爱的。通过这些细节，宝宝可以逐渐建立起来对这个世界最初的信任。宝宝因为年纪小，很多时候还不会用语言来说出心里话，所以他们就会通过情绪来告诉别人他们的感觉。但是父母有时候可能不太能懂宝宝想表达什么，有时候还会用成年人的想法要求宝宝，觉得宝宝的情绪不重要，甚至阻止宝宝表达不开心的情绪，或者觉得宝宝小，听不懂成年人在说什么，成年人情绪不好也不会影响宝宝等。如果这种情况经常发生，宝宝就会觉得自己不重要，慢慢地就会不敢或者不愿意表达自己的真实感受了。

父母的及时互动和交流在日常与宝宝的相处中至关重要。父母可以在宝宝伸出小手时，用语言回应他："宝宝，妈妈在这里。"宝宝虽然听不懂父母的话，但是他能从语言中感受到父母对他的关爱。父母及时的回应和积极的互动对宝宝的情感健康和心理发展具有决定性的影响。关注宝宝的需求，并通过日常的交流和互动，为宝宝营造一个充满爱和支持的成长环境。这种亲子互动不仅有助于增强孩子的社交能力，还能加深亲子之间的情感联系，培养孩子的自信和独立。

孩子盯着妈妈看，不仅是一种简单的视觉联系，还是孩子对安全感的寻求，对爱的期盼，对关注的渴望。所以，妈妈的回应应当是温柔的，是及时的，是充满爱意的。妈妈应该抓住这些短暂而珍贵的瞬间，通过眼神的交流告诉孩子："你被看见，你被理解，你被深爱着。"这样的互动将成为孩子情感成长的基石，让他们感受到家的温暖，体验到爱的力量，建立起对这个世界的信任。

不好好吃饭

吃饭是人类的一种本能行为，但是在家庭中总是会出现这样一些场景：要么像打仗似的，妈妈端着碗追着孩子，一边喂，一边哄，吃一口，再吃一口……要么像"喂鸡"似的，吃完之后，地上全是各种菜、各种饭粒……要么就是抱着吃，这个不吃，那个吃不够……吃饭是一种本能，但为什么孩子不能坐下来好好吃饭呢？父母应该怎么做，才能培养孩子良好的饮食习惯呢？

孩子在学会走路之后，饮食习惯的变化让父母感到困惑和焦虑。父母发现，原本能安安静静坐在餐椅上吃辅食的那个宝宝不见了，原本能喂一口吃一口的宝宝也不见了。吃一顿饭，妈妈经常端着碗追着孩子跑，哄着他，喂他吃，一顿饭动辄要吃一个小时。甚至饭菜凉了又热、热了又凉，最终也不一定能顺利吃完。这样的吃饭方式不仅会影响孩子的饮食规律，同时给父母带来心理负担。孩子吃饭难的问题并不少见，各大医院儿童保健门诊中，常见的就诊原因之一就是喂养困难。喂养困难这个词，目前学术上还缺乏统一的定义，一般是指常见的各种类型的喂养问题，如进食时间过长、过分挑食、进食时不安分、缺少与年龄相符的进食技能、需要靠分散注意力进食、不能耐受与年龄相应质地的食物等。总之就是，不好好吃饭。

→ 孩子为什么不好好吃饭

孩子不好好吃饭，多数是父母的喂养不当造成的。

第一种情况：妈妈觉得宝宝很饿，所以宝宝要吃。宝宝如果不想吃东西，很可能是因为他根本不饿，如果他饿了，自然会吃。有些父母可能会说："我家孩子就是不知道饿！"其实，这是父母造成的。妈妈觉得宝宝饿了，所以希望宝宝吃东西。

第二种情况：宝宝刚开始自己吃饭时，肯定会弄得到处都是，甚至把食物当玩具。有些父母会说："等他大一点儿再自己吃吧，现在太脏了。"其实想想看，如果宝宝一直不学习自己吃饭，长大后就会自己吃而不弄脏了吗？学习任何事情都需要一个过程，吃饭也一样，父母需要给宝宝一个机会。还有的父母说："他根本就没在吃饭，是在玩！"没错，就是要让宝宝在玩中学会吃饭。

第三种情况：宝宝不想吃饭的时候，父母想着各种办法哄他吃饭，有的宝宝一边吃饭，一边看电视或者看手机，有的宝宝一边吃饭，一边到处跑，爸爸妈妈就拿着饭碗追着喂："乖乖，来，吃一口，就一口。哎，真乖！再来一口，就一口……"

→ 喂饭的方式并不可取

小利在上幼儿园，然而，每到晚饭时间，家里就变得像战场一样。每天傍晚，厨房里飘出饭菜的香味，桌子上摆满了色香味俱全的菜肴，全家人围坐在桌子边上，小利总喜欢拿着玩具，在饭桌上玩得不亦乐乎。

小利的爸爸严厉地说："小利，我再看到你在饭桌上玩玩具，以后就不让你吃饭了。"他希望通过这种方式让小利意识到吃饭的重要性，但小利似乎并不在意，继续玩着手中的玩具。

妈妈有时候也会耐心地劝说："小利，你再不吃饭，最好吃的肉就没有了……"她试图用美食来吸引小利的注意力，但效果并不显著。

这时候，奶奶总是心疼地看着小利，生怕他饿着。她会端着碗，追着小利跑，小利在哪儿玩，她就去哪儿喂他吃饭。奶奶温柔地说："小利，来吃一口，这饭可香了，凉了就不好吃了。"奶奶希望小利能吃饱，但这种方式让小利养成了依赖别人的习惯。到底谁的做法是对的呢？

孩子在一岁半左右学会走路，随之活动量增加，加上身体成长的需要，饮食量也开始增加。断奶之后，孩子对食物的咀嚼能力增强，适应能力也随之增强。这个时候孩子并不喜欢坐在饭桌边吃饭。随着孩子年龄的增长，他们活动范围逐渐扩大，他们感兴趣的事情也就越来越多。这个时候的父母，担心孩子吃不饱或者吃不好，就会追着喂饭。久而久之，孩子就失去了动手吃饭的乐趣。他们会认为吃饭是一项"工作"，不能从中找到任何快乐，时间长了他们还会把吃饭当成一种"负担"。

孩子在幼年时期能够感知饥饿和饱胀，这是非常重要的能力。然而，父母喂饭却导致这种感知能力被破坏。长期被喂饭的孩子可能会逐渐失去对自己饥饿和饱胀的敏感度。他们会认为只有在没吃饱时，父母才会喂饭，久而久之，他们可能会吃得过多或者过少，因为他们无法准确判断自己是否吃饱。

父母总是追着喂饭，孩子会误以为自己需要更多食物，从而失去对饥饿和饱胀的感知。他们不再依赖自己的感觉来决定是否进食，而是等待父母的喂养。他们习惯于被告知什么时候该吃，而不是自己判断。这种情况会导致他们在长大后缺乏节制，从而可能出现肥胖症或者焦虑症等。

→ 挑食其实是在表达不满

宝宝挑食会让父母感到焦虑，但是几乎所有的宝宝在某个阶段，都会出现不同程度的挑食现象。这种挑食大多是阶段性的行为，过了这个阶段，他们可能就会爱上曾经挑剔的食物。

婴儿接受新的食物，通常需要尝试10—15次之后才可以慢慢接受。而且婴儿的味觉一般比成年人更敏感，食物的味道在他们的嘴里会被放大，如芹菜、菠菜、茄子等，这些有特殊气味的蔬菜，可能会让婴儿感觉味道很怪异。父母需要做的就是让他们慢慢适应这种味道。

其实宝宝挑食，就是对食物的味道不满，父母可以变换食物烹饪的方式，比如，宝宝不爱吃菠菜，父母可以用菠菜榨汁和面包饺子等，让宝宝接受菠菜的味道。

2岁左右的宝宝自我意识开始增强，这个时候他们往往会对父母说"不"。这个时候，如果父母让他吃饭，他并不是很饿或者正在玩某个玩具，他就会故意做出一些跟父母的要求相反的事情，如拒绝吃父母递过来的食物等。父母需要做的是给宝宝一定程度上的"自主权"，让他自己摆盘，自己选择要吃的东西。这样可以激发宝宝吃饭的热情，让他迫不及待地享受自己爱吃的食物。

父母要注意，在宝宝吃饭的过程中，如果发现他一直不吃某种食物，千万不要说："就吃一片胡萝卜好不好？""黄瓜很好吃，并且有营养，不要总吃肉，多吃蔬菜。"这种话语，会让宝宝产生逆反心理，他会认为父母退让了，进而对父母的退让感到满意，觉得是自己"赢了"，下一次，他可能会进一步拒绝吃这种食物，继续享受说"不"的过程。所以，父母要给宝宝"自主权"，只要把食物做得丰富一些，保证营养就可以了。

→ 吃饭是有乐趣的

对于年幼的孩子来说，吃饭从来不是为了填饱肚子而已，这还是一个充满乐趣的冒险。孩子通过吃饭可以不断提升自己的能力和建立自信。

当孩子第一次费劲地抓起一块食物，然后兴奋地把它送进嘴里时，那种激动和自豪的感觉会让他觉得像是完成了一项伟大的任务。当孩子用勺子舀起一勺食物送到嘴里的时候，他会非常开心。

孩子不仅仅是在吃饭，还是在学习和锻炼许多重要的技能。这个过程需要大脑、眼睛、手指和嘴巴的协调配合。孩子要用眼睛看食物，用手指抓住或用勺子舀起食物，然后把它送到嘴里。这个过程可以充分锻炼他们的手部灵活性和手口协调性，刺激大脑的发育。

吃饭是每个人每天都要做的事情，其中的乐趣在于要把吃饭作为一种享受，通过品尝各种美食，体验生活的美好。美好的食物的味道会刺激唾液分泌，让食物更容易吞咽，同时，味道还会刺激大脑分泌多巴胺，这是一种让人感到满足和愉悦的化学物质。其实无论是成年人还是孩子，吃饭都是一种生活方式，应该从中找到乐趣，而不应当作一种"负担"。

→ 要确立吃饭的规则

一些孩子不爱吃饭、挑食，吃饭时总喜欢把饭菜弄得一地一桌子，这是因为父母没有给孩子确立吃饭的规则。说到确立规则，一些父母可能会说："孩子不吃饭，我不能让他饿着呀，这样多伤身体啊。"

实际上，偶尔饿上一两顿并不会对孩子的身体健康产生不利的影响，当孩子饿了，自己要找食物的时候，他就能坐下来好好吃饭了。从孩子学会走路开始，父母就要确定吃饭的规则：吃饭的时候必须在指定的位置坐着，如果离开，就没有饭吃；吃完饭之后再离开餐桌；对于稍大点儿的孩子，吃饭时要让他们保持桌面的整洁，不浪费粮食。

父母一定要让孩子自己吃饭，哪怕他边吃边玩，甚至吃得很少，也不要喂他，时间到了，就立刻收走他的饭菜。孩子如果没有吃饱，收走时他大声哭闹，父母也不能妥协。当然这个时候需要注意的是，父母不能大声呵斥，要温柔而坚定地告诉他："现在吃饭的时间已经结束，饭菜必须收走了。"这样时间久了，孩子才能明白吃饭是有固定时间的，超过时间他就吃不到饭了。

在孩子表现好的时候，父母要给予孩子一定的非物质奖励，比如，及时表扬孩子："我的宝贝今天吃饭吃得好快啊。""宝宝今天把饭吃完啦，真棒。"让孩子意识到好好吃饭是一种荣誉，能够得到爸爸妈妈的表扬。

→ 给孩子以适度选择

人们在饮食上都有自己的偏好，孩子也不例外。孩子碰到不爱吃的食物，可能会拉长自己吃饭的时间。另外，孩子不爱吃饭可能是父母处理食物的方式让孩子接受不了，并不是孩子本身不爱吃这种食物，或者是食物太大孩子咽不下去，或者是孩子不饿所以吃得少。父母如果判断出孩子不爱吃哪种食物，而另外哪种食物孩子吃得多，下次继续做给孩子吃。长此以往，孩子接触的食物种类单一，也就认为自己只喜欢吃那一种或几种食物，不愿意尝试其他食物。

有时候父母也会因为孩子某一顿饭对某种食物吃得少，或者父母不爱吃某种食物，就会说孩子不爱吃这种食物。孩子听了这些话后受到影响，形成自我暗示，以后就会拒绝吃这种食物。

父母不应在孩子面前评判他喜欢吃什么或者不喜欢吃什么。买菜时可以带孩子一起选购，一方面帮助孩子认识蔬菜，另一方面让孩子参与其中，增加吃饭的乐趣。在选购蔬菜回家后，父母可以让孩子选择这顿饭吃什么。回家择菜做饭时，父母可以一边向孩子介绍，一边做饭，让孩子了解整个过程，并参与其中。

02 / 初来乍到——孩子如何适应这个世界

父母可以给孩子一个选择的机会，如询问孩子："今天吃白菜豆腐，还是青瓜炒肉或者青椒炒蛋？""今天吃鱼还是牛肉？"父母可以给孩子提供一些选择，需要注意的是，给孩子的选择不要太宽泛，一般两三种食物中选择一种就可以了，搭配营养的主动权还应在父母手里。父母要跟孩子约定好，按照你的做法去做菜，那你就必须好好吃饭，否则下次就不再征求你的意见了，只能做什么吃什么。

不要吃药，不要打针

跟成年人相比，孩子的抵抗力较弱，也相对容易感染病毒、细菌，导致生病。父母这个时期会很焦虑，也会非常心疼，同时会面临一个难题，孩子一看到医生就被吓得哇哇大哭，对吃药和打针充满了恐惧。

孩子害怕吃药和打针，十分常见。但孩子从出生开始，就要打各种疫苗，孩子在生病的时候，也需要吃药或打针。如果孩子对医生充满恐惧，父母的正确引导就显得尤为重要。如果处理不当，不仅会让孩子更加抗拒吃药和打针，甚至可能使孩子产生长期的恐惧心理，影响未来的身体健康。那么父母应该如何帮助孩子克服对医生和治疗的恐惧呢？

萱萱在外面玩耍，不小心淋了雨，夜里发烧了。第二天一大早，爸爸就带她去医院看病。到了医院，虽然医生很和蔼，但是萱萱之前打疫苗的时候见到过穿着白大褂的医生，所以认为医生是要给她打针的，内心充满了恐惧，哭闹着怎么也不配合，眼泪汪汪地喊着："我要回家，我不要打针，呜呜呜呜……"

爸爸见状，蹲下来轻声安慰她说："没事的，萱萱，就让医生看看，不一定要打针。"但是萱萱根本听不进去，她坚信只要看到医生就要打针，于是哭得更厉害了，躲在爸爸身后，不愿意向前一步。

医生尝试靠近萱萱，温柔地说："萱萱，医生只是想看看你的小喉咙，听听你的心跳，不会疼的。"但是萱萱捂住耳朵，大声哭喊着："不，不，不！我要回家，我不要打针！"

爸爸看到萱萱的情绪越来越激动，感到非常无奈。他急切地想让萱萱安静下来好好看病，于是严厉地说："萱萱，你别哭了，再哭，爸爸就让医

02 / 初来乍到——孩子如何适应这个世界

生多给你打几针。"然而，这番话不仅没有起到安抚萱萱的作用，反而让她更加害怕，她的哭声更大了，甚至挣扎着要跑出诊室。

萱萱一直哭着闹着，爸爸更揪心了，本来就生着病，还不让医生看，这可如何是好？

孩子对吃药和打针有恐惧心理，这是一种正常的现象。其实孩子对于医生的恐惧来源于医院的环境。孩子从出生开始，就要接触医院的环境，如去医院做检查、去医院打疫苗等。孩子对于某些印象深刻的事是有记忆力的，他们非常聪明，知道爸爸妈妈带自己去医院，就要吃药和打针，吃药很苦，打针很疼，想到这里孩子肯定就非常害怕了。医院的人非常多，面对这么多的陌生人，加上自己身体不舒服，孩子的哭闹也就不是无理取闹，如果还要做各种检查，那么恐惧感更加深一层。

其实孩子对于医院的恐惧还来源于爸爸妈妈平时对待孩子的态度。

→ **孩子吓不得**

有一些父母在孩子不听话的时候，就喜欢用孩子害怕的吃药和打针来进行威胁，有的父母就爱这么说："你再看电视，我就带你去打针了。""你再乱扔东西，我就给你吃苦药片。""你要多喝水，不然容易生病，生病就要去医院打针输液。""我管不了你，让医生来管你，给你打针，很疼很疼。给你吃苦的药片，很苦很苦。"

孩子听到爸爸妈妈说的"打针很疼""吃药很苦""医生很可怕"等话语，所以在面对医院的环境时，或者听到吃药和打针时，就会莫名恐惧，情绪激动。到真生病的时候，孩子内心的恐惧，加之病痛的折磨，更会增加他对于"打针""吃药""看医生"的恐惧感。

此外，孩子对于医生的恐惧还来源于一些父母在孩子一生病时就着急的心态。比如，孩子生病，爸爸妈妈着急，手忙脚乱，加上有时候父母还会拌嘴，脸上不自觉地流露出担心、焦虑的神情等，都会影响到孩子，从而使孩子产生害怕的心理。

实际上，当孩子出现发烧、感冒等症状时，爸爸妈妈不用过分担心，除了注意孩子的身体健康状况，让他们得到应有的治疗外，在心理方面，也要对孩子进行陪伴和疏导，让他们感受到来自爸爸妈妈的关心，不要以吓唬的方式来责备孩子，也不要让孩子认为"我一生病爸爸妈妈就吵架"等，父母和孩子都要以一种平和的心态来面对生病以及治疗的事情。在日常生活中，父母也要注意，不要用"吃药""打针""看医生"等来吓唬孩子，应该就事论事，讲道理，孩子吓不得。

→ 适当哄但切记不要骗

小吕最近感冒了，持续的咳嗽和发烧让他十分难受。父母决定带他去医院检查一下，但小吕从小就害怕医院的环境，一听到要去医院，他便哭闹起来，不愿意离开家。

爸爸蹲下来，用温柔的语气对小吕说："小吕，去医院是为了让你快点好起来，医生会帮你把病治好的。你不是一直想要新的玩具车吗？等你看完病，爸爸就带你去买。"

在爸爸的鼓励下，小吕勉强答应了，虽然心里仍有些害怕，但爸爸温柔的话语和玩具车的诱惑让他决定试试看。到了医院，医生耐心地检查了小吕的病情，开了几种药，并详细交代了服药的时间和方法。

回到家后，小吕看到那几瓶药，立刻又开始抗拒了。他捂着鼻子说："药太苦了，我吃不下去。"妈妈看着小吕无奈的样子，微笑着对他说："药不苦，很甜的，你尝尝。"

这时爸爸拦住了妈妈，他认真地对小吕说："妈妈说得不对，药确实是苦的，但是小吕是个男子汉，我们不怕苦，我们很勇敢，吃完药多喝点水就好了。吃药是为了好好治病，让你快点康复。"

小吕听了爸爸的话，虽然依旧觉得药很苦，但他认为自己是个小男子汉，必须勇敢。于是，他捏着鼻子，把药一口喝下，然后马上喝了一大口水，尽量减轻苦味。几天后，小吕的病情明显好转了。爸爸妈妈为他的勇敢感到骄傲，也在心里感叹，适当的哄劝和诚实的引导，才是真正帮助孩子成长的关键。

> 小吕是个男子汉,我们不怕苦。

> 后来,小吕不仅康复了,还得到了爸爸承诺的玩具车。他开心地玩着新车,同时告诉爸爸妈妈:"生病其实并没有那么可怕,药也没有想象中那么苦,我要做一个勇敢的男子汉。"

其实从客观上讲,打针肯定会疼,吃药也确实会苦,孩子对这些事情有抵触情绪是很正常的。爸爸妈妈要注意,让孩子配合治病,可以哄,可以给奖励,但是不能欺骗。如果爸爸妈妈欺骗了孩子,孩子就会失去对爸爸妈妈的信任。在孩子的世界中,只有爸爸妈妈是值得信任的,如果自己最信任的人都在欺骗自己,那么孩子的心理就会崩塌,孩子会很难过,时间久了,孩子也就会养成不听爸爸妈妈话的习惯,再让他吃药、打针、看医生,他就会更加抗拒。

父母在处理这些问题的时候要以诚实的态度来对待孩子,根据孩子的年龄,用简单清晰的道理来解释,为什么生病了要吃药和打针,吃药和打针是为了让身体更快地康复。父母可以在孩子配合治疗之后适当地安排一些能让他心情愉悦的活动。上文中小吕的爸爸就是在小吕治疗之前告诉他,他是男子汉要坚强，在治疗之后又给了小吕一个小奖励，进而让孩子能顺利地接受这个治疗的过程，并且培养了孩子在面对困难时的积极心态和解决问题的能力。

→ 情绪疗法很重要

吃药或者打针都会对孩子的情绪有一定的影响，这个时候爸爸妈妈就要抚慰好孩子的情绪。

在治疗结束之后，父母可以抱抱孩子，安慰他说："我帮你吹一吹就不疼了。""药很苦，但是我们很坚强，多喝口水就不苦了哦！""我的宝宝好勇敢，真棒！"

在爸爸妈妈的安慰下，孩子的情绪也会慢慢地平静下来。当孩子平静下来之后，父母可以再跟孩子总结一下，给他们讲清楚，虽然吃药和打针的过程很痛苦，但那是为了更好地治病。父母可以对孩子说："你看，打了一针，是不是很快就退烧啦？我们很快又能出去玩啦。""多亏吃了那几个有点苦的小药片，宝贝的病很快就好了。"这样做目的是加深孩子对于生病之后就要打针、吃药、看医生的印象，进而减少他们对于生病治疗的恐惧感。父母还可以通过讲故事或者玩角色扮演游戏，让孩子扮演医生或护士，帮助孩子理解治疗过程的重要性。

啃手指的宝宝

许多宝宝在 2 个月到 3 个月的时候，对于啃手指的渴望怎么也挡不住。爸妈对于宝宝啃手指这件事也很纠结，一方面，他们担心这种行为会延续到孩子长大，成为一种难以纠正的习惯；另一方面，如果不允许婴儿啃手指，他们可能会哭闹不止，甚至影响睡眠。况且，很多宝宝就算过了口欲期，1 岁之后还是喜欢经常啃手指。那么啃手指对于宝宝来说究竟好不好呢？又有哪些方式可以帮助宝宝改掉啃手指的习惯呢？

其实两三个月的宝宝，开始啃手指，是一种玩耍和学习，但是如果到 1 岁之后，宝宝仍然喜欢啃手指，那就是一种用来缓解紧张焦虑心情的表现，父母应该采取合理的办法来缓解。

几乎每个小宝宝都有啃手指的过程，细心的爸爸妈妈会发现，宝宝啃手指多半发生在 2—3 个月的时候。最初，他会把自己的小手举到眼前，他还不会说话，他的内心应该是这样的："哦哦哦，原来这是我的手啊？"慢慢地，他会把手放到嘴里，最后，他可能会将整个拳头放进去。如果父母强硬地给他拽出来，他可能会大哭大闹。

其实如果宝宝在 1 岁之前经常啃手指，那没什么问题，俗话说："小婴儿有个蜜手指。"意思是宝宝从两三个月开始，就对自己的小手超级迷恋了。如果宝宝过了 2 岁还经常啃手指，不仅不卫生，宝宝的"颜值"可能也会受到影

响，因为长期啃手指，会缓慢影响宝宝口腔和面部骨骼的发育。

→ 宝宝为什么喜欢啃手指

刚出生的小宝宝一般都只会双手握拳，胡乱挥手，随着宝宝的发育，他们开始学会把小手放到嘴里啃着玩，这其实是一种了解外界的方法。宝宝在成长的过程中会出现啃手指的现象，1岁以前的宝宝偶尔啃手指属于正常行为。因为1岁以内的宝宝大多喜欢用嘴巴来探索新事物，啃手指就是他们对新事物探索的一种表现。宝宝在用啃手指的方式探索这个新世界时，也能锻炼协调能力，促进手眼的协调性和统一性，这可以培养宝宝的自我认知能力以及感知能力，因此爸妈不用特别担心。

从心理学上看，这种行为可以满足宝宝正常的心理需要，如果这种最原始的探索世界的需要得不到充分满足、照顾和理解的话，那么宝宝在长大后反而容易出现咬指甲、吸烟，甚至言语攻击的行为，也容易产生脾气急躁、难以与他人建立信任等情感能力问题。

人们喜欢把宝宝啃手指的这个阶段叫作"口欲期"。宝宝在啃手指的时候，会相对安静，很多时候，他还会对着人笑。所以，对宝宝来说，啃手指不仅能让他感到快乐，还能让他获得安全感，进而促进他的心理发育。

在一般情况下，宝宝啃手指的情况，1岁之后会慢慢消失，如果到2岁之后，宝宝还经常啃手指，父母就要注意了。

❶ 宝宝缺乏锌元素

随着生活水平的不断提高，现在的宝宝出现缺锌的情况已经非常少见。这种情况通常发生在非常挑食、厌食或者饮食不规律的宝宝身上。面对这种情况，父母可以带宝宝去医院进行相关检查。如果确实发现宝宝缺乏某些微量元素，可以适当地进行营养补充，这有助于逐步减少宝宝啃手指的行为频率。

需要特别注意的是，当宝宝年纪较小时，要尽量避免通过药品或保健品来补充微量元素。一般来说，只要宝宝的日常饮食均衡，通常不需要额外的补充。如果确实需要通过药品或保健品来补充微量元素，一定要在专业儿科医生的指导下进行。父母在购买药品和保健品时，也应通过正规渠道，切勿轻信网上的一些偏方和药品推荐。

父母应关注宝宝的饮食结构，确保宝宝摄入足够的水果、蔬菜、蛋白质和谷物，这样才能保证宝宝营养全面。要避免让宝宝形成挑食的习惯，鼓励他们尝试不同的食物，从而预防宝宝缺乏微量元素。在选择补充微量元素的方式时，父母应优先考虑食物来源。例如，含锌丰富的食物包括瘦肉、鱼、蛋、坚果和豆类等。如果宝宝确实需要额外的补充剂，必须严格遵循儿科医生的建议，控制剂量和使用频率，避免过量摄入。

过度依赖药品和保健品可能带来很大的风险。部分不正规的产品可能含有不明成分，对宝宝的健康产生不良影响。因此，谨慎选择和使用这些产品非常重要。

❷ 宝宝缺乏安全感

人们在紧张和压力比较大的时候，就可能会出现咬指甲或者揉衣角的行为。啃手指是最方便快捷能释放压力的办法。

婴幼儿在陌生环境中或者当亲人不在身边时，一般会表现出哭闹或者啃手指等行为，这表明他们缺乏安全感。父母带宝宝外出，如果中途因事暂时离开，很多宝宝会开始不停地啃手指，这种行为实际上是他们试图掩盖内心的慌乱。这种情况往往说明宝宝平时很少出去接触外界，因此在面对新环境时，会通过啃手指来明显表达自己的不安。

当宝宝处在一个熟悉和安全的环境中时，他们会表现得更为放松和快乐，在陌生环境或亲人离开时，他们会感到不安和害怕，从而通过啃手指等行为寻求安慰。这种自我安抚行为在婴幼儿时期是相当普遍的现象，父母需要理解并予以支持。

❸ 引起父母的关注

有些宝宝不喜欢整天睡觉，渴望周围有熟悉的人能陪着他一块儿玩耍，如果父母很忙碌，忽略了宝宝与外界交流的需求，这个时候宝宝就会通过啃手指来缓解情绪，这也是宝宝向父母发出的希望陪他玩耍的信号，啃手指就是为了吸引父母的注意。

❹ 心理压力过大

有些孩子到了 5 岁、8 岁，甚至 10 多岁，还会有啃手指的习惯。这往往是因为他们心理压力大。比如说，作业没有写完，孩子担心被父母责骂。他们感到焦虑和紧张，没有办法释放内心的压力，就会用啃手指的方式来解压。

这种情况其实很常见，很多孩子在面对压力时会通过啃手指来缓解不安。对于孩子来说，啃手指是一种简单直接的自我安慰方法。在他们感到紧张、焦虑或者害怕时，这种行为能给他们带来短暂的安慰和安全感。

➡ 宝宝啃手指的危害

有些爸爸妈妈觉得宝宝啃手指是婴儿时期的常见行为，所以并没有特别在意。其实并不是这样，宝宝到 2 岁以后，牙齿开始生长，这时候继续啃手指可能会伤害到皮肤，而且对牙齿发育也不好。2岁以后还啃手指的宝宝，可能会导致牙齿排列不整齐、牙齿闭合不良甚至龅牙。

宝宝啃手指还容易导致细菌感染。毕竟手上有很多细菌，啃手指的时候，这些细菌会进入宝宝体内，宝宝的抵抗力本来就弱，更容易生病。临床医学研究表明，喜欢咬指甲的人唾液里大肠杆菌的含量更高。所以，当发现宝宝经常啃手指时，爸爸妈妈应该及时纠正，告诉宝宝不能这样做。如果看到宝宝在啃手指，爸爸妈妈可以说："小宝，手上有很多细菌，吃手指会把细菌吃进肚子里，会肚子疼。"如果宝宝因为无聊啃手指，爸爸妈妈可以拿一些玩具或者绘本转移他的注意力。

2岁以后的宝宝还喜欢啃手指，可能是因为好奇、胆小、羞怯、无聊、焦虑，或者缺乏安全感。这说明宝宝内心寂寞，啃手指是他们表达情绪的一种方式。所以爸爸妈妈一定让宝宝尽量改掉啃手指的习惯。

→ 用合适的方法引导孩子不啃手指

小红今年3岁了，从小就特别喜欢啃手指。经常一边啃手指，一边对着妈妈笑。睡觉时，她特别喜欢把大拇指放到嘴里入睡。妈妈知道这是小红在找寻安全感，就像有的小宝宝喜欢安抚奶嘴一样。

现在小红已经3岁了，每次睡觉时她还是喜欢把大拇指放到嘴里。妈妈在她睡着后，总是轻轻地把手指从她的嘴里抽出来，可每次刚抽出来，不一会儿，小红又把手指放进嘴里。如果强行干涉，小红就会醒来大哭大闹。

有一天晚上，小红的妈妈看着熟睡的小红，再次把她的手指轻轻抽出来，小红不由自主地又把手指放进嘴里。妈妈叹了口气，对爸爸说："这样下去不行啊，小红的手指头都啃破了。"

爸爸也很无奈："我们试了那么多方法都没用。上次在手指上抹了颜料，她只是哭了一会儿，后来还是继续啃。还有那些有特殊气味的食物，她也不怕。"

有一次，小红妈妈实在受不了了，还狠狠地打了小红一次，大声训斥她："你要是再啃手指，我就不要你了。"小红哭得很厉害，但是哭声没停，她就不自觉地又把手指放到嘴里了。

到底该怎么办啊，看着小红啃破的手指，小红妈妈感觉既心疼又伤心……

> 你要是再啃手指，我就不要你了。

小红的爸爸妈妈采取的"抹颜料""抹怪异气味"等方法都不能改掉孩子啃手指的行为，相反可能会加剧孩子焦虑和紧张的心理，让孩子啃手指的行为更严重。就像妈妈训斥了小红，她哭着又把手指放到嘴里啃起来。

父母应该根据实际情况，用恰当的方法让孩子不再啃手指。

❶ 要转移孩子的注意力

孩子啃手指，有的时候就是因为无聊。千万不要不停地提醒他，或者打骂他，这样可能会加大他啃手指的欲望。父母可以让孩子的手不闲着，如做手指舞等，或在孩子刚刚把手指放到嘴里的时候，很自然地把他的小手拽过来，给他一个玩具，抑或让他拿着图画书，给他讲故事等。这样，孩子就可以逐渐摆脱啃手指的习惯。

❷ 要多给孩子一些陪伴

孩子啃手指，反映了他的安全感不足，要使孩子获得安全感，父母就要多给孩子一些陪伴。当然陪伴并不是说，父母在旁边，让孩子自己玩，而是父母应该带着孩子玩，多陪孩子玩一些互动游戏，比如跟他做一些手工，强化孩子的动手能力。父母也可以带孩子去室外活动，在陪伴他们的同时，让他们加强体育锻炼，提高身体免疫力。父母可以观察孩子感兴趣的东西。三四岁的男孩子，可能对拼装积木感兴趣，这个时候爸爸要陪伴孩子拼装玩具。而女孩子可能对芭比娃娃等感兴趣，妈妈就要陪伴孩子一起玩。总之，孩子啃手指的原因不是单方面的，爸爸妈妈应该用心陪伴孩子，循序渐进引导孩子，让孩子提升安全感，不要让他们有压力，缓解他们的紧张情绪，孩子啃手指的行为会逐渐改善。

大小便带来的满足感

孩子从 18—24 个月开始会进入肛欲期。家有"屎星人"，作为一名欲哭无泪的 "铲屎官"妈妈，或许你并不在意每天洗了多少条宝宝弄脏的裤子，你更在意的是，宝宝的身体是否出了问题，他到底怎么了？

别担心，如果你家的宝宝"一言不合就尿裤子"，这说明，他很有可能正经历着生理和心理的特殊时期——肛欲期。这个时候，他开始关注自己的小屁屁的感觉，对大小便这种"难登大雅之堂"的事情充满了兴趣。

肛欲期是孩子心理发育的一个关键时期，一般发生在孩子 2 岁左右。在这个阶段，孩子开始对自己的身体产生更强烈的关注和探索，尤其是关于排泄行为。对于孩子来说，控制大小便是一种新奇且有趣的体验。他们通过这种方式感受到自己的身体是可以被掌控的，这是一种自主性的初步体现。很多妈妈会发现这个时期的孩子每次想要大小便时，不会马上去厕所，而是使劲儿憋着，有的时候憋得满脸通红，双腿紧紧夹住，也有憋不住拉在裤子里面的情况，有的孩子还会尿频，总是尿裤子，或者在大小便后，自己在旁边认真地研究……

有的父母误以为这是孩子成长的倒退，其实并不是，这是孩子成长到了一个特殊时期——肛欲期。这个时候父母总是很崩溃，有的父母不懂得儿童肛欲期的表现，对于孩子出现尿湿裤子或将大便拉在裤子里的现象非常生气，认为是孩子贪玩或是不懂事，于是开始责备孩子，企图让孩子改变。父母的责怪更导致孩子变本加厉地"报复"——孩子只会更加频繁地尿湿裤子，或将大便拉在裤子里。

如果孩子承受不了父母给他的压力，就会扰乱控制大小便的自然节律，将大小便拉在裤子里的次数就越多，肛欲期拖延的时间也就越长。有的孩子几个月甚至半年多都没有结束肛欲期，孩子就会出现退缩的状态，这是孩子在寻求自我保护的方法，他希望回到自己小时候，因为那时尿裤子、拉裤子妈妈不会打骂他。

  这个时候过度的责骂和压力不仅不会帮助孩子顺利度过肛欲期，反而会让孩子在心理上产生更多的焦虑和抗拒。父母需要调整自己的情绪，给予孩子更多的理解和耐心。父母要通过温和的引导和正面的鼓励，帮助孩子逐渐建立对如厕的信心，这样才能有效地缩短孩子肛欲期的持续时间，促进孩子健康成长。

  徐女士每天工作都很忙，但回到家她总是全身心地投入照顾家庭和两个孩子上。小宝是她的小儿子，两岁八个月了，活泼可爱，但最近的一件事让徐女士愁得不得了。

  一天傍晚，徐女士正在厨房准备晚餐，突然听见客厅里传来小宝的哭声。她放下手中的东西，急忙跑出去，只见小宝又躲在沙发后面，神情紧张地看着她。徐女士心里一紧，知道这是小宝又想拉大便了。

  "宝贝，是不是想拉臭臭了？"徐女士轻声问道，尽量让自己的声音听起来很平静。

  "我不拉！"小宝带着哭腔大喊，眼泪汪汪地看着妈妈。

  "妈妈带你去厕所，好不好？"徐女士试图靠近小宝，但小宝立刻大哭起来："不要过来！我不拉！"

  徐女士无奈地停下脚步，心里又急又痛。这种情况已经持续了几个星期，每次小宝要拉大便的时候，全家都像进入了战备状态，但总是以失败告终。小宝会躲到角落里，一动不动地站着，如果有人靠近，他就会拼命哭喊。徐女士曾试图强行把他带到厕所，但结果只会让孩子更加恐惧。

  那天晚上，小宝又把大便拉在裤子里，徐女士只能帮他清理干净。吃晚饭的时候，小宝非要坐在妈妈怀里，徐女士一边喂他，一边抚摸着他的背，心里满是苦涩和无奈。她多么希望能够解决这个问题，让小宝恢复正常。徐女士说，小宝两岁左右就不用尿不湿了，小便能独立解决，大便能主动告知，在家人的帮助下去厕所，但没想到的是，过了几个月，小宝突然退步了，每次都要把大便拉到裤子里。

为此，徐女士每天又是准备益生菌，又是准备各种促进肠道蠕动的奶粉等，还带小宝去体检，但是一直没见好转，真成了心病……

→ **父母心态要放轻松，把爱孩子的信息传递给孩子**

父母不要为孩子过度担忧。父母的放松能够让孩子感受到一种无形的安全感，减少外在压力。大小便自理是人类自然的生理过程，只要孩子的身体没有问题，他们会自然而然地发育，直至完全掌握这一能力。

传递爱的方式多种多样，最关键的是要给予孩子充分的信任。父母应顺应孩子生命发展的自然规律，尝试改变传统的管教方式，以积极、正面的态度引导孩子，耐心陪伴他们的成长。相信孩子的潜力，就如同相信一棵小树苗会成长为参天大树。父母的信任与支持是孩子健康成长的坚实基础。通过父母耐心的陪伴和积极的引导，孩子不仅能实现生理上的自理，还能在心理上获得成长的动力和安全感。这种方式不仅有助于孩子的自我发展，也有助于增强父母与孩子之间的亲密关系，使教育过程更加和谐顺利。

→ 尊重孩子在这个时期的特殊表现

父母需要理解并尊重孩子在肛欲期的心理和生理发展规律，明白这是发育过程中的一个正常阶段，才能从心底接纳并支持孩子的成长。当孩子在这个阶段出现拉裤子等行为时，父母应以平静温和的态度处理。例如，当发现孩子拉裤子时，父母可以轻声告诉孩子："没关系，妈妈给你换上干净的裤子。"然后要把孩子带到一个私密的地方，平静且不引起注意地更换裤子，尽量不打扰孩子正在进行的活动。

在处理孩子肛欲期的行为时，不施加任何心理压力是关键。父母的反应不应带有责备或过度关注，而要保持冷静和支持。这种态度不仅有助于孩子顺利度过这一时期，还有助于增强他们的自尊和自信。同时，父母要避免无效的语言提醒，如"宝贝，记住下次要去卫生间"。孩子在这个阶段已经知道要去卫生间大小便，但由于生理和心理的发育尚未完全，他们可能暂时无法做到。所以，不要通过这种提醒给孩子增加不必要的压力，而要通过实际行动和温和的引导，让他们感受到理解和支持。

父母可以通过观察和适时的鼓励，帮助孩子逐步建立良好的卫生习惯。例如，当孩子表现出想要去卫生间时，父母要及时肯定和赞扬。这种积极的强化能有效促进孩子的自我控制能力和自信心的发展，使他们更顺利地掌握控制大小便的能力。

→ 不要控制孩子的节奏

看到孩子走到一个角落，做出要拉便便的姿势时，不要打断他们，也不要提醒"该去拉臭臭啦！"，更不要强迫他们去马桶上解决。这种干预会打扰他们的体验，让孩子对上厕所产生抵触心理。

允许孩子按照自己的节奏进行，即使会弄脏刚换洗的衣服，也要保持冷静，装作什么都没发生。让孩子自行解决，事后父母只需帮忙清理就可以了。避免说一些"跟你说了多少遍，拉臭臭去卫生间，你怎么又忘了"这样的话伤害孩子，这个时候，父母不耐烦的表情也会被敏感的孩子察觉，引发孩子的恐惧和自卑，可能让排便问题更严重。

父母要和家人做好沟通，在孩子这个阶段不要羞辱、嘲笑或责骂。不要在孩子面前讨论他们的失误，更不要把孩子尿裤子或拉裤子的事当作家人的谈资。家人的羞辱、嘲笑和责骂会让孩子产生不健康的羞耻感，导致自卑和低自尊。父母要确保永远不在上厕所的问题上羞辱孩子，伤害孩子的自尊心是得不偿失的，尤其是在他们学习控制自己身体的这个重要阶段。父母要做的是支持和理解，让孩子感到安全和被接纳，从而顺利度过这个阶段。

→ 被控制出来的大问题

2岁的孩子进入肛欲期之后，他们的心理满足感很大程度上是通过大小便来获得的。所以说，这是他们建立自我的过程。如果孩子发现自己可以控制大小便，内心就会非常兴奋和快乐。

父母切记不要干涉孩子大小便，也不要在孩子几个月大的时候就开始控制他大小便，这就相当于剥夺了孩子自我满足的机会和自我控制的快乐。孩子还有可能会形成一种错误的认知，比如说，我不喜欢把这些东西排出去，但是我的爸爸妈妈非要我这样做。

排便是孩子自己的事情，控制大小便的能力也需要他们自己去掌握，父母在这个时期，要做的是不催促孩子，也不强制孩子排便，可以为他们建立一些规则。

在孩子有便意但不愿去厕所时，父母要温柔地对他说："如果你想拉臭臭的话，可以叫妈妈带你去厕所。"这个过程需要耐心重复多次，有时上午说完，下午他就忘记了，但坚持一个月，他就能记住了。

当孩子排完便便，对排泄物进行"研究"时，父母不要训斥他，而要耐心解释为什么这样做不卫生。父母可以说："便便里面有很多细菌，不卫生，所以我们拉完便便后要把小手洗干净哦。"

建立规则时要注意方式，不要强制孩子遵守，也不要干涉他们的行为。父母要保持自然的心态，多一些耐心，慢慢引导孩子。比如，当孩子按照规则去厕所后，父母要及时表扬他："你今天做得很好，妈妈很高兴看到你自己去厕所！"这种正面的反馈能强化孩子的正确行为，让他们在愉快的氛围中学习和成长。

耐心和温柔是关键，能够帮助孩子在没有压力的情况下掌握新的技能和习惯。通过这种方式，孩子不仅能顺利度过肛欲期，还能建立自信心和独立性，感受到父母的支持和爱。教育的核心在于理解和陪伴，父母要尊重孩子的成长节奏，让他们在安全和温暖的环境中健康成长。

突然"爱"撒谎

相信很多爸爸妈妈都有过这样的烦恼:"最近不知道孩子怎么了,开始对我们撒谎了,我们也不知道要怎么说。""孩子才 2 岁啊,为什么就会撒谎了呢?"当爸爸妈妈发现孩子撒谎时,第一反应是什么呢?是觉得孩子变坏了?其实这是孩子成长过程中的一部分。

心理学家皮亚杰曾说,撒谎是一种成长的自然倾向,是一种自发的、普遍的现象,是孩子自我中心思维的组成部分。加拿大多伦多大学儿童研究所曾经对 1000 多名 2—17 岁的孩子进行实验研究,不管是男孩还是女孩,2 岁左右的时候,有 20% 的孩子曾经撒谎,3 岁左右的孩子,比例上升到了 50%。一项研究报告显示,96% 的孩子有过撒谎经历,4 岁的孩子平均每两个小时撒谎一次,6 岁的孩子平均每小时就撒谎一次。

孩子撒谎并不可怕,因为有时候他们并不是为了欺骗,其中可能包含无恶意的谎话、善意的谎话和隐瞒性谎话等。如果父母不能弄明白孩子为什么撒谎就盲目指责,反而会加重孩子的撒谎问题。

是什么导致孩子选择撒谎?孩子撒谎背后的心理根源是什么?这种现象该如何纠正?这些才是父母需要关注和了解的。

→ 孩子为什么会撒谎

① 父母的影响

父母是孩子最好的老师。在孩子的生活环境中,父母的一言一行对孩子都会有影响,孩子会模仿父母的说话方式、处世习惯等。其实和撒谎有关的行为,家庭中时有发生,如爸爸答应孩子周末带他出去坐摩天轮,后来因为工作忙不去了;孩子让妈妈帮忙做手工,妈妈明明在玩手机,却说"我有事儿要忙，你自己做吧"；孩子要吃雪糕，但是妈妈不想让他吃，告诉他，吃雪糕会肚子疼，但后来吃过雪糕并没有肚子疼。或者在爸爸妈妈的对话中，爸爸说："今天小张想来家里做客，我烦他，告诉他咱们不在家。"妈妈说："是的，我也烦他，说咱们不在家就行了。"这种小事情，可能就在不经意间发生，父母可能没有注意过，孩子却在模仿父母的这些行为。

② 虚荣心的影响

孩子撒谎有时是因为想要炫耀。他们希望别人对自己有更好的看法，会选择撒谎来赢得他人的认可，甚至会通过表情和肢体语言来增强说服力。比如说，为了赢得朋友的羡慕，孩子实际上没有名牌球鞋，却会说自己有一双限量版的球鞋，并详细描述球鞋的外观和特别之处。

③ 怕被训斥

孩子有时撒谎是为了避免受到责罚或减轻自己的内心压力。他们在犯错时，担心会受到父母的责骂或惩罚，便会选择用撒谎来逃避现实，从而减轻自己的恐惧感。例如，一个孩子在家中不小心打破了镜子，当妈妈回来询问是谁打破时，孩子可能会推说是邻居家的孩子弄坏的。孩子的这种撒谎行为是出于对惩罚的恐惧心理，害怕自己的过失会带来不良后果，从而选择隐瞒事实来保护自己。孩子可能会说自己的考试成绩很好，实际上是为了避免父母的批评。为了增加可信度，孩子甚至可能会编造一些细节来使谎言更具说服力，如描述考试过程中的种种细节，以便让父母相信他所说的是真实的。

有的孩子为了避免被父母责骂，可能会谎称自己已经完成家庭作业，甚至会假装很累来提高可信度。有的孩子为了逃避责任，可能会说家里的花瓶是被宠物打碎的，而实际上是自己不小心弄坏的。

一些父母在面对孩子的撒谎行为的时候，只是看到这种行为，并没有想到孩子为什么要撒谎，撒谎的动机或目的是什么。看到孩子撒谎，父母就是要教训孩子，让孩子为自己的撒谎行为付出"代价"。但实际上，对于孩子而言，他们撒谎是有一定的积极意义的。因此，父母不要一概而论，请善待爱撒谎的孩子，因为他们更需要父母的爱，更需要父母的尊重。

→ 怎样应对孩子的谎言

成年人也会为谎言找个合理的理由，所以父母要对孩子的撒谎行为给予充分理解和正确引导，要控制自己的情绪，鼓励孩子说出真相。

从心理学的角度来看，人的潜意识无法识别否定的命令。如果父母反复告诉孩子"不要撒谎"，实际上是在不断强化他们的撒谎行为。这样的做法会让"撒谎"这一概念不断地在孩子的潜意识中重复出现，反而会促使孩子更频繁地撒谎。当孩子犯错后能主动承认时，父母应该表扬他们，这是积极的鼓励。父母可以对他们说："我很高兴你能告诉我真相。"这能够让孩子明白诚实的重要性。同时父母也要让孩子知道，承认错误并不意味着可以随意犯错。他们需要理解，诚实和改正错误是同样重要的。

→ 父母应该如何做

1 树立榜样形象

小明非常喜欢玩具车。一天，小明的爸爸对他说："如果你这周每天晚上放学，回到家就好好写作业，那么我周末就带你去买那辆你喜欢的玩具车。"小明听了非常开心，每天都认真地完成作业。

到了周末，小明兴奋地问爸爸什么时候去买玩具车。可是，爸爸却说："我今天很忙，改天再去。"这个"改天"一直没有实现，小明感到非常失望。

有一天，小明不小心弄坏了家里的一个花瓶。妈妈问是谁弄坏的，小明害怕被责骂，于是说："不是我，是小狗弄坏的。"妈妈没有怀疑，就相信了他。

几天后，小明的老师在课堂上讲到诚实的重要性，并讲了一个故事：有一个小女孩，因为不想让父母担心，总是隐瞒自己的错误，结果问题越来越严重，最后她的父母也不再相信她了。

小明听了这个故事，心里有些愧疚。他回到家后，鼓起勇气对妈妈说："妈妈，其实那天花瓶是我弄坏的，不是小狗。"妈妈虽然有些生气，但还是对小明说："谢谢你告诉我真相，勇敢承认错误是很重要的。"

妈妈也意识到，小明之所以会撒谎，一部分原因是他们自己没有言行一致。于是，她和小明爸爸决定以后无论多忙，都要尽量兑现对小明的承诺。同时，他们也会在生活中更加诚实守信，做小明的好榜样。

父母要求孩子不撒谎，那么自己就要先做到这一点。其实这种事情在家庭生活中很常见，父母有时忽视了自己的行为，觉得给孩子的承诺就是随口一说，但对于孩子而言，孩子认为是爸爸妈妈答应自己的事情，为什么做不到呢？

很多父母都会为了孩子能好好学习、认真完成作业、按时睡觉等，告诉孩子："如果你认真写作业，爸爸就送给你一个喜欢的礼物。""如果你按时睡觉，周末妈妈就带你去 XXX 玩。"其实，孩子当真这么做了，认真写完作业，按时睡觉了，来问爸爸妈妈时，爸爸妈妈又会随便找个借口搪塞过去。这其实对孩子的影响非常大。

美国加州大学圣地亚哥分校的心理学家 Chelsea Hays 和 Leslie Carver 曾经设计了一个实验，验证那些经常被欺骗的孩子是否更倾向于歪曲事实。实验结果表明，经常被欺骗的孩子中 88% 有撒谎行为。其实孩子天生就是一张白纸，父母是孩子生活中最好的老师，想要孩子不撒谎，父母对孩子的承诺一定要做到，如果因为特殊情况做不到，就要主动向孩子承认错误，讲明原因，为孩子树立好的榜样。

② 和孩子建立良好的沟通

和孩子建立良好的沟通，关键在于让他们感受到父母的关心和爱。父母需要时刻关注孩子的情绪和需求。当孩子有话想说时，父母要放下手头的事情，认真倾听，不要打断他们。在孩子表达情绪时，父母要先理解他们，不要急着评价或解决问题，告诉他们父母明白他们的感受。比如，父母可以对孩子说："我知道你很难过，想和我说说具体发生了什么吗？"当孩子情绪失控时，父母不要马上批评或责骂，等他们平静下来再进行沟通。父母要尊重孩子的空间，有时候他们需要时间消化自己的情绪，父母不要迫使他们马上说出心事，可以通过参与他们的兴趣点来增加共同的话题，如一起玩游戏或看他们喜欢的动画片，这样沟通起来更自然。

父母还可以和孩子一起讨论家里的规矩，让他们参与规矩订立的过程，这样孩子会觉得这些规矩是公平的，也更愿意遵守。父母要多鼓励孩子的努力和进步，而不是只关注他们的错误，当他们做得好时，一定要及时表扬，表扬是增强他们自尊心，让他们更有责任感的具体体现。

父母还要给孩子一些选择权，如晚饭想吃什么，周末想做什么活动，让他们感觉自己有一定的自主权。在这样一个充满理解和关爱的环境中，取得孩子的信任，才能让孩子更依靠父母。

③ 减少对孩子的控制欲

　　小辉是一个喜欢画画的小男孩儿，但他的爸爸妈妈希望他多花些时间学习数学。他们总是安排他去上各种补习班，这让小辉感觉很压抑。为了让爸爸妈妈高兴，小辉常常假装自己很喜欢数学，并且告诉他们自己在做数学作业。

　　一天，小辉偷偷带着画本和画笔去了公园，坐在树下画画。回到家后，妈妈问他今天学了什么，小辉不得不撒谎说自己在图书馆做数学作业。妈妈听了很高兴，但小辉心里很难受，因为他觉得自己不能做真正喜欢的事情。

　　有一天，妈妈无意中发现了小辉藏在房间里的画本，里面有许多精彩的画作。妈妈非常惊讶，问小辉这些画是谁画的。小辉犹豫了一下，低下头说："是我画的，我真的很喜欢画画。"

　　妈妈这才意识到自己对小辉的期望和控制让他感到压力。她决定尊重小辉的选择，不再强迫他去上不喜欢的补习班，而是让他有更多时间画画。小辉非常高兴，因为他终于可以做自己喜欢的事情，而不再需要撒谎了。爸爸妈妈慢慢发现，尊重小辉的选择可以让他变得更加快乐和自信。

其实很多孩子撒谎是为了做自己想做的事情，孩子很天真，最初他们都是想到什么就说什么，有时候他们诚实地说出了自己的想法，却被父母拒绝，以后他们可能会为了让父母高兴，告诉父母自己正在做的事情是父母让他们做的事。所以说，父母要减少对孩子的控制和干预，只要孩子做的事情不是错误的，就可以让孩子按照自己的选择去做，而不要控制孩子按照父母的想法去做，应当尊重孩子自己的选择。

❹ 正确的引导

对孩子正确的引导，远比干涉要有用得多。父母不妨告诉孩子，诚实是一种优良的品质，没有什么事情是父母不能原谅的。承认撒谎，不会有不良后果，而一直撒谎才是错误的。

❺ 用平常心对待孩子撒谎

面对孩子撒谎，父母要保持平常心，不要表现得很愤怒，可以平静地问孩子为什么撒谎，让孩子明白父母希望他讲真话。这种态度可以让他感到父母是可以信任的，从而阻止他进一步撒谎。

> 小华不小心打破了花瓶，但他告诉妈妈是猫做的。妈妈虽然心里知道真相，但并没有责备小华，而是温柔地问："小华，你能告诉妈妈为什么要说是猫做的吗？妈妈不会生气的，只想知道真相。"小华看到妈妈没有发火，便慢慢承认了自己的错误。
>
> 妈妈接着说："谢谢你告诉妈妈真相，妈妈很高兴你能说实话。"这样的回应让小华感到被理解，他也领会到了妈妈希望他讲真话的心意。

如果父母察觉到孩子抵制了撒谎的诱惑而说了真话，就需要及时表扬他。

> 小华第二天主动告诉妈妈，他不小心把弟弟的玩具弄坏了，虽然很担心妈妈会责怪，但还是选择说实话。妈妈听后，表扬道："小华，妈妈很高兴你能坦诚地告诉我真相，你真是个诚实的孩子。"

孩子会逐渐感受到讲真话的重要性，也会越来越愿意对父母坦诚相待。父母的理解和表扬会增强孩子的自信心，让他们在未来的生活中更加诚实和勇敢。

乱扔东西，不要"责"

很多父母都有这样的烦恼，孩子有个阶段就是喜欢乱扔东西，不管是衣服、鞋子、玩具、书籍还是餐具，喜欢的、不喜欢的，总是见什么扔什么，刚刚给他收拾好，他又扔出去，越是说他"别乱扔东西，别到处乱丢"，他就扔得越厉害。

孩子这么喜欢乱扔东西，扔东西这么好玩吗？为什么孩子总是乐此不疲呢？遇到这种情况父母该怎么办，要不要制止呢？

> 李梅现在10个月。有一天，她在床上玩耍时，奶奶递给她一块饼干，她拿着饼干，看了一眼，然后把它扔了出去。奶奶认为她不想吃，又递给她一小块苹果，她也是看了一眼，随即用小手一甩，苹果飞出床边，滚到了角落里。每次扔完东西后，李梅总是对着奶奶咯咯地笑，好像在享受这个过程。奶奶感到有些疑惑，不知道李梅为什么不吃东西，而是喜欢扔掉。她试着给李梅递了她最喜欢的玩具小熊，结果还是一样，李梅拿起小熊，看了一下，然后用力扔了出去。
>
> 从那天开始，这种情况经常发生。家人递给李梅任何东西，她都会先看一眼，然后迅速扔出去，并高兴地笑起来。爸爸妈妈和奶奶尝试了各种方法，他们递给她各种各样的东西，塑料杯子、毛绒玩具，甚至是她的小鞋子，结果都是一样——李梅一一把它们扔出去，然后开心地笑。
>
> 有一天，爸爸在床边放了一个大纸箱，箱子里装满了软软的玩具。他把李梅放在床上，递给她一个彩色的小球，李梅果然又把球扔了出去。这次，小球飞进了纸箱里，发出轻微的声音。李梅看到球落在箱子里，睁大了眼睛，好像对这种新变化感到好奇。奶奶鼓励她再试一次，又递给她一

个玩具小熊。李梅又把玩具小熊扔进了箱子，在听到不同的声音后，李梅笑得更开心了。

孩子喜欢扔东西，其实和小时候喜欢啃手指一样，是他们成长和学习的必经阶段。

→ 孩子为什么喜欢扔东西

孩子最初扔东西，实际上是在体验自我效能感。他们喜欢扔东西，主要是因为他们发现自己"能够"扔东西。

孩子在 6 至 8 个月的时候，开始具备扔东西的能力。这一时期他们已经表现出足够的抓握能力、投掷能力和手眼协调能力，能够轻而易举地让身边的小物品"飞出去"。这种掌控物体的感觉和展示自己能力的机会，让他们拥有极大的成就感。孩子最初丢掉他们的奶嘴、玩具、鞋子或任何其他他们能够抓到的东西，都是在测试和练习新的技能，通过这种方式获得自我肯定。

不久之后他们还能注意到，他们的这些行为可以引起父母的反应：每当他们扔出东西，父母就会弯腰捡回来。这种互动让孩子感到非常兴奋，因为在他们看来，扔东西变成了一种与父母之间的游戏。在这场游戏中，孩子掌握着主导权和控制权，这种感觉让他们感到满足，所以对扔东西乐此不疲。

这种行为实际上反映了孩子早期的认知发展。他们通过不断实验和观察，理解因果关系：他们扔东西，物品会落地，父母会做出反应。通过这种方式，孩子不仅锻炼身体协调能力，还学习与周围环境互动的基本原理。这种好奇心和探索精神对于他们未来的学习和成长

具有重要意义。

孩子学会走路后，他们的行动能力增强，活动范围显著扩大。这个时候他们扔东西主要是为了满足好奇心和探索欲望。在反复扔东西的过程中，他们会逐渐发现很多有意思的事情：有的东西稍微用一点儿劲儿就能飞得很远，而有的东西则需要更大的力气；所有的东西扔出去都是往下掉，不会往上飞；小球会弹跳，果泥会四处飞溅，积木则会发出"砰"的一声。

所以孩子扔东西，可能是他们正在进行"物理实验"呢！

当他们能够有意识地控制自己的小手时，他们对周围能拿得动的东西都很好奇，所以才会不厌其烦地扔东西。

孩子大一点儿以后，如果在2岁左右还是乱扔东西，可能就是他们在发泄自己的情绪。比如，爸爸妈妈训斥他的时候，他会选择扔东西表达自己的不满。这个时候，爸爸妈妈就要格外注意，应该及时制止孩子的这种行为，避免以后形成"一生气就扔东西"的坏习惯。

→ 怎样让孩子正确扔东西

孩子乱扔东西，是在研究自己小手的功能，这对孩子的身心健康发展都有好处。所以说，除非他们是在发脾气、发泄不满扔东西等，大部分时候，爸爸妈妈都不要阻止孩子的这种行为。

那么爸爸妈妈应该怎么做呢？怎样让孩子正确扔东西呢？

在孩子最初扔东西的时候，爸爸妈妈应该给予支持，让孩子在愉悦的氛围中尽情地玩耍，从而让他们轻松地感知并掌握这一技能。爸爸妈妈要给孩子创造一个安全的环境，让孩子充分练习"扔东西"。但是爸爸妈妈要把握好"度"，孩子慢慢长大之后，要逐渐淡化乱扔东西的行为，避免养成不好的习惯。

那么，怎样才能引导孩子正确扔东西呢？

❶ 给孩子创造一个可以扔东西的环境

父母先要考虑安全问题,把那些如玻璃制品、贵重物品放到孩子够不到的地方,给他一些不容易摔坏的东西,如球、沙包等,让他扔个够。

❷ 让孩子把握好扔东西的"度"

既不是什么东西都可以扔,也不是什么东西都不可以扔。父母要关注孩子,扔东西可以因为好奇,而不可以为了发泄不满,在这一点上父母要做好表率,在心情不好的时候,不要扔东西、摔东西等。

❸ 多做亲子类游戏

父母可以如上文中李梅的爸爸那样,给孩子准备一个纸箱,跟孩子一起练习投掷,既满足了孩子扔东西的欲望,同时培养了亲子关系。

❹ 制止孩子有攻击性的扔东西行为

当孩子通过扔东西来发泄情绪,并出现攻击性行为时,父母应该及时制止。

如果孩子在跟其他小朋友玩的时候,拿着东西扔向其他小朋友,父母应该及时制止并对孩子说:"不能这样,小朋友会受伤的,你也不想别人向你扔东西吧?所以不可以向别人扔东西。"父母还应在指出孩子行为不当的同时,理解和接纳他们的情绪,帮助他们正确表达感受。

如果这个时候孩子非常愤怒,坚持有攻击性行为,父母可以暂时把他带离,让他冷静下来,并告诉他:"因为你刚才扔了玩具,今天你不能再玩玩具了。"这种方式可以让孩子明白做出错误行为的后果是什么。

爱"打人",如何"治"

很多父母都听到身边的朋友说过"可怕的 2 岁"。孩子到了 2 岁,父母会发现,原本非常听话的宝宝不见了,随之而来的是不听话的"小神兽",他们嘴里一直喊着"我打你",还会出现诸如推人、打人、咬人的行为。这个年龄段的孩子出现这种打人行为,父母应该怎样处理呢?

> 小明 3 岁了,妈妈总喜欢带他去公园玩,但是最近妈妈不敢带他出去了,这是因为上一次妈妈带他去公园玩耍,小明带着他心爱的红色小玩具车,兴高采烈地跑向滑梯。
>
> 小明的妈妈在一旁静静地看着他玩耍,时不时露出微笑。就在这时,一个差不多同龄的小女孩走过来,她叫小丽。小丽对小明的玩具车产生了浓厚的兴趣,眼睛里闪烁着好奇的光芒。
>
> "小明,你的车真漂亮,可以让我看看吗?"小丽用甜甜的声音问道。
>
> 小明紧紧地抓住他的玩具车,然后一把抓住小丽的手,把她推倒在地上。小丽被小明突如其来的举动吓了一跳,开始大声哭泣。
>
> 小明的妈妈看见这一幕,迅速走过来,蹲下身子扶起小丽,安慰着她:"别哭,别哭,没事的。"然后,她转过头对小明严厉地说:"小明,你怎么可以这样对待小朋友呢?你这么做是不对的,快向小朋友道歉。"
>
> 小明不肯听妈妈的训斥,说:"这是我的玩具,她要动,我就要打她。"妈妈又说了他两句。小明气得大哭起来,转身就往家里跑。
>
> 这种事情,不是一两次了,妈妈每次都是苦口婆心地告诉小明,不要打人,可就是没用,妈妈也非常无奈,不敢带他出去了,生怕他一不小心伤害到别的小朋友。

和小明的妈妈一样，一些父母遇到自己的孩子动不动就打人，还怎么说都没用的情况，确实是不敢带孩子出去了。那遇到这种情况，父母应该怎么做呢？有的父母认为，可能就是孩子小的原因，这个阶段少带他出去，让他多待在家里，等再大一点儿的时候，就没事了。但是也有的父母认为，小小年纪就开始打人了，这长大了还了得，必须得好好管理。要怎么管呢？两三岁的孩子，应该怎么约束呢？父母也是犯了难。

→ "可怕的 2 岁"

"可怕的 2 岁"，是孩子成长过程中的第一个叛逆期，也是孩子的自我认知和独立意识发展的必然阶段。这个 2 岁，不是说正好 2 岁，一般是 18—30 个月内的孩子都有可能会出现，甚至可以延长到 3 岁或者更晚。为什么孩子在这个阶段会出现叛逆期呢？

在孩子发育过程中，1 岁半左右是一个重要的里程碑，此时他们开始逐渐萌生自我意识，意识到"我"这个概念。在此之前，孩子对自我和外界的关系认识模糊，无法区分自己和世界的界限。一旦自我意识逐步形成，孩子会开始理解世界并不是围绕他运转，他对世界的影响力是有限的，这种认知带来的无力感会显著增加。

孩子在 2 岁左右，身体的运动能力发展相对滞后于心智的发展。他们的语言能力还无法完全表达出内心的想法，如在玩玩具时，手部协调能力不足，难以成功拼接积木或拼图。这种心智和身体能力的不协调导致孩子常常感到强烈的挫败感，而这种挫败感通常以突然爆发的形式表现出来。理解"可怕的 2 岁"现象的成因，有助于父母认识到这仅是孩子发育过程中的一个正常阶段。父母需要做的是帮助孩子顺利度过这一阶段，通过理解和支持，帮助他们调适自我认知和身体能力发展的不协调，减少他们的无力感和挫败感，从而促进他们健康成长。

这个阶段最典型的表现就是，孩子总是会说"不"，比如：

> "快来吃饭了，饭熟了哦。"
>
> "我不吃！"
>
> "咱们快点收拾收拾睡觉啦！"
>
> "我不睡！"
>
> "乖，小姐姐来了，让她跟你一起玩玩具吧。"
>
> "不，我就不！"
>
> "今天天气好，我带你出去玩会儿吧！"
>
> "我不去！"

总之，无论怎样他就是说"不"，被父母催得着急了，可能就会出现打人的行为。

→ 正确看待孩子的"打人"行为

其实孩子出现"打人"的行为，在一定程度上是正常的。这是孩子不断发展的自我意识的具体体现。从 2 岁左右开始，他们开始区分"我"和"别人"，并且通过"打人"的行为来区分利益的归属。这个时候他们的自我意识会越来越强烈，什么事情都渴望是自己说了才算，都要听他们的，他们要自己来做决定。出去玩，要自己决定，而不是妈妈说出去就出去，自己的玩具，自己决定让不让别人玩，而不是别人要玩，就可以玩。这个时候他们会用行动力来表达自己的思想，如推人、打人、咬人等。

所以父母要正确看待这种"打人"行为。这个时候最糟糕的处理方式就是以暴力来解决暴力。不管怎么说，父母的打人行为会给孩子带来负面的影响，也会给孩子传递这样一个信号，当生气时，或者遇到不开心的事儿的时候，可以用暴力手段解决。所以说，父母是孩子最好的老师，要解决孩子的"打人"行为，先要控制好自己的脾气，再来处理孩子的问题。其实"打人"行为，是每个孩子成长过程中都需要经历的一个阶段，父母没有必要"上纲上线"教育他们，这种"打人"行为，并不一定就是坏孩子的行为。

父母要客观对待孩子的这种行为，但是不等于纵容他们的这种行为。在发现孩子有"打人"行为或者有对着人扔东西等各种攻击性的行为出现时，父母要冷静地处理，比如，用严肃语气告诉他："你这种行为是不对的。"然后要用这个年龄段孩子能听懂的语言来告诉他，为什么不可以这么做："你这样做，可能会给别人造成伤害。""这样别的小朋友会很伤心哦。"让孩子能够意识到"打人"等行为的错误之处。

→ 孩子"打人"怎么"治"

父母应当从孩子的视角出发，理解并接受他们在社交方面的不足。孩子并非天生就具备社交技能，他们不会一出生就表现得彬彬有礼或聪明乖巧。这些社交技巧需要他们在日常学习和实践中逐步发展和完善。父母需要深入了解孩子的情绪，接受他们的行为表现，然后耐心地进行引导。通过理解他们的内心世界，父母可以帮助孩子逐步掌握与人交往的技巧，而不是急于要求他们达到成年人的标准。父母要关注孩子的成长过程，不能仅仅关注结果。细心的陪伴和引导，可以使孩子在一个充满理解和接纳的环境中，逐渐发展出健康的社交能力。

其实孩子出现"打人"行为，并不是错误的，父母要合理处理其中的冲突，如有时候孩子之间的冲突是正常现象，并不需要过多的干预。争执和冲突是孩子社交学习的一部分，通过这些经历，他们学会了如何解决问题、如何分享和妥协。有时，父母只需要在旁观望，不必急于介入，孩子很快就会自行解决问题，并重新快乐玩耍。这样的经历不仅有助于孩子的成长，也能减少父母的焦虑，让孩子在一个更自然的环境中发展社交技能。

面对孩子的"打人"行为，父母的态度很重要，父母日常的行为也很重要，父母需要通过实际行动来教育孩子。比如，父母将礼貌用语挂在嘴边，不说脏话、不动手打人。孩子耳濡目染之后会明白"打人"是不对的。有些孩子，在想跟其他小朋友一起玩耍的时候，由于不知道如何表达，也会通过打人、推人的方式引起对方的注意，所以父母要淡化对孩子"不当"行为本身的注意力，而应该主动关注孩子为什么会打人、推人，是他们不会表达自己的意图，还是他们有愤怒的情绪。父母要适时引导孩子，如何正确地与其他小朋友交往，如何分享快乐，如何表达自己的愤怒情绪等。这样可以让孩子顺利度过这个阶段，让孩子的心理逐渐发育成熟。

孩子对自己的东西都有一种占有的欲望，认为"这是我的东西，别人不能动"。如果有人动他的东西，他会用打人的行为来维护自己的"利益"。在这一点上，父母不应该强迫孩子分享，而应该让他自己考虑，是不是要把自己的玩具跟别的小朋友一起玩，可以利用角色转换的方式，帮孩子理解分享。父母扮演孩子的朋友，让孩子逐渐明白"互相分享"的快乐和意义。

→ 孩子"打人"行为如何淡化

很多孩子并不是出于恶意而打人，而是由于他们尚未学会更好的表达方式。如果父母不能妥善地引导孩子，这种行为可能就会留下"隐患"。那么，父母可以采取哪些措施来淡化这种行为，调整自己的情绪呢？

❶ 调整具体做法，将孩子的情绪调动到游戏中

当父母注意到孩子经常表现出攻击性行为，并且不知道如何正确发泄自己的情绪时，可以尝试帮助孩子将这种发泄方式转移到游戏活动中。例如，当孩子准备打你时，你可以轻轻握住孩子的手，邀请他一起进行一个有趣的游戏，帮助孩子宣泄自己的情绪。这样可以让孩子意识到："当我不高兴的时候，我可以跟妈妈一起做游戏，不一定非要打人。"其实很多时候，孩子并不知道该怎样发泄自己的情绪。

❷ 引导孩子正确处理自己的情绪

孩子还很小，他们并不知道应该如何调整自己的情绪。在孩子不听话的时候，父母要给予孩子正确的示范，避免用"恐吓"类的语言来吓唬孩子，而应该起到榜样的作用。比如：

> 一个3岁的小孩，在超市因为想要买玩具，爸爸妈妈不给买，这时候爸爸妈妈去哄他，他伸着手要打人。
>
> **错误的示范：**
>
> "你再哭，再哭我就不要你了！"
>
> "起来，这个玩具不可能给你买。你再不跟我走，就待在这里吧！"
>
> 这种解决办法，可能会暂时性地解决问题，孩子出于恐惧而不敢不听爸爸妈妈的话，只能跟着爸爸妈妈回家。但是这会在孩子心里埋下一颗暴力的种子。他们自己也会有暴力倾向，如有别的小朋友带着玩具正在玩，他又很想要的时候，他可能会想到爸爸妈妈的处理方式，"恐吓"小朋友，或者出现伤害小朋友的行为。
>
> **正确的示范：**
>
> 父母可以蹲下与孩子平视，用温柔而坚定的语气说：
>
> "我知道你很想要那个玩具，但今天我们不买玩具。你可以和我一起

> 选其他的东西,或者我们可以回家后一起玩别的游戏。"
>
> 然后,父母可以引导孩子将注意力转移到其他有趣的事物上,如父母可以说:"你看,这里有我们最喜欢的水果,今天选一个我们回家做果汁怎么样?""咱们不买玩具,爸爸妈妈带你去看看有没有你喜欢的图画书好不好?"

这种方式不仅避免使用"恐吓"语言,还通过冷静和温和的态度为孩子树立了一个管理情绪的榜样。孩子在父母的引导下,会逐渐学会用更健康的方式表达和调节自己的情绪。

❸ 消退法

消退法的核心在于"无视",通过不理会孩子的攻击行为,使其逐渐失去效果,进而消退。

例如,当孩子因为没有得到玩具而大发脾气,并对父母表现出攻击性行为时,父母应选择不予理睬。孩子在哭闹一段时间后,会意识到这种行为并不能得到他们想要的结果,从而停止哭闹。相反,如果父母每次在孩子哭闹或攻击时都满足他们的需求,孩子就学会用愤怒和攻击的方式来解决问题,并形成不良习惯。

这种方法的关键在于坚持性和一致性。父母需要在每次面对类似情况时都保持冷静,避免因心软而妥协。通过这种方式,孩子会逐渐明白,攻击性行为并不能带来他们所期望的结果,进而学会用更适当的方式表达自己的需求和情绪。

模仿父母是好还是坏

有了孩子之后你会发现，你做什么，他就做什么。你去厨房做饭，他也去厨房做饭；你扫地，他也要扫地；你去阳台晾衣服，他也搬个小板凳去阳台晾衣服……孩子模仿父母是好还是坏呢？

> 明明妈妈给明明买了双拖鞋，是他喜欢的奥特曼拖鞋，但是回到家，还是发现他穿着妈妈的拖鞋，模仿妈妈走路，真是既可气又可笑……
>
> 小丽妈妈发现自己的化妆品总是莫名其妙减少，后来才发现是家里的小公主，没事了坐在梳妆台前，往脸上涂抹各种化妆品……
>
> 小虎爸爸的剃须刀找不到了，后来发现在小虎的玩具箱里，问小虎，小虎告诉爸爸："我也要刮胡子……"

当孩子模仿父母的时候，其实表明孩子已经进入了模仿敏感期。爱模仿是孩子的天性。宝宝几个月的时候，看到妈妈做出动作，也会模仿，到 1—2 岁的时候，他们进入了认知学习时期，这时候他们看到的、听到的、摸到的都会成为他们模仿和学习的对象。

孩子模仿是他们的本能，也是他们快速适应外部世界的一种学习方式。如果不模仿，他们就不会快速认知世界。资料显示，模仿天分越高的孩子，大脑也就越发达，智力水平也相对更高。模仿成人是每个孩子成长过程中的起点。孩子天生具有模仿能力，从出生那天起，模仿就成为他们学习的主要手段。在孩子生命的最初两年，他们开始进行简单的模仿活动：成人展示如何吐舌，孩子便跟着做；成人示范穿鞋，孩子也尝试着模仿；成人的进餐方式也被孩子模仿。通过模仿，孩子逐渐学会了挥手告别、双手合十表达感谢、向父母送出飞吻，甚至尝试穿着妈妈的高跟鞋走路等技能。

孩子除了模仿成人的动作之外，还会模仿他们的表情和声音，如生气时噘嘴、愤怒时皱眉等。父母要注意给孩子一定的安全教育和正确引导，防止孩子模仿成人插插座、炒菜等有安全隐患的行为。

→ 父母如何面对孩子的敏感模仿期

孩子模仿成人的动作或者行为时，父母不要打击他们，而应该鼓励他们。在这个阶段，孩子看到父母做什么事情，他们也想去做，但是受限于自己的小手控制能力不足，做事情可能会失败。父母不要介意，如当孩子尝试帮忙擦桌子时，可能会将桌面的物品不小心推落地面。父母可以边擦边教导孩子如何控制力度和方向，而不是简单地指出孩子的错误并制止他继续做。

相信很多父母都经历过这样的场景，孩子在家就是喜欢学着妈妈的样子扫地，但是经常把妈妈已经收拾好的垃圾扫开了，很多父母这个时候总会说："你又不会扫，添乱，赶紧走开。"这样会影响孩子的积极性，父母应该给孩子失败的机会，让孩子反复尝试，反复模仿，孩子才可以做好每件事。

父母可以在孩子模仿敏感期，利用孩子喜欢模仿的心理特点，有意识地使用目的性教育。比如，父母在教孩子发音的时候，孩子会模仿嘴唇动作。这时候父母可以将动作夸张一些，方便孩子模仿。父母在家庭聚餐时可以展示如何礼貌地请求传递食物、感谢他人或正确使用餐具。孩子通过观察这些行为，然后模仿这些举动，可以自然而然地学到如何在社交场合中表现得礼貌和得体。

→ 父母正确引导孩子模仿

① 父母要做孩子最好的老师

孩子天生具有模仿能力，他们更加倾向于模仿身边亲近的人，如父母和老师。如果妈妈举止礼貌，孩子也将学会如何礼貌地待人接物。如果爸爸天天酗酒抽烟，那孩子也容易养成不良的习惯。父母经常在孩子面前吵架，可能孩子的脾气也会变得暴躁。父母的行为对孩子的影响至关重要，所以父母应该以身作则。

> 童童今年5岁了，爸爸妈妈每个周末都要一整天收拾家里的卫生，因为童童总喜欢在家里把玩具弄得哪儿都是。又到了周末，童童妈妈想把每周大扫除变成影响童童的一个机会，于是对童童说："童童，妈妈和爸爸要交给你一个任务，我们要把家里打扫得干干净净的。你想不想加入我们，成为我们的小助手呢？"
>
> 童童兴奋地点了点头。"当然要！我也想帮忙！"童童高兴地说。
>
> 于是，童童的爸爸给了他一个小扫把，妈妈则给了他一个小抹布。童童跟着爸爸妈妈，模仿着他们扫地、擦桌子。虽然他的动作还有些笨拙，但他的热情和努力让爸爸妈妈都很欣慰。
>
> 在清扫的过程中，童童学会了如何正确地使用清洁工具，也渐渐明白保持清洁的重要性。他问了很多问题，爸爸妈妈都耐心地解答。家里的每个角落都留下了童童努力的痕迹。

② 避免孩子模仿不良行为

> 不知道从什么时候开始，佳佳有了说脏话的坏毛病。爸爸妈妈为了这个事情很烦恼。有一天，爸爸因为这件事训斥了佳佳，佳佳都哭了，爸爸妈妈以为佳佳这次能改掉这个毛病，但是没想到，他说脏话的坏习惯更厉害了，真是不知道怎么办才好。

孩子有的时候喜欢模仿不良行为，很多父母都为此感到头疼，哪怕父母以身作则，也不能保证孩子完全不会接触不好的行为。遇到这种情况，父母要注意：不要强行制止孩子的行为，可以采用转移注意力的方法。如果采用暴力手段制止孩子的行为，可能会让孩子觉得这样能够吸引父母的注意。而经常重申禁止的事项，实际上可能会加强孩子对这些行为的认知和记忆，从而使孩子更频繁地出现这些行为，逐步形成逆反心理。

③ 培养孩子的是非观念

孩子爱模仿是好事情，但是在孩子模仿的过程中，父母一定要教会孩子正确的是非观念。在日常生活中，父母对孩子的日常激励很重要，当孩子表现出举止得当，父母一定要给予表扬，更好地促进孩子内化这些正确的行为模式。

如果发现有不好的行为，父母可以利用讲故事的方式或者换位思考，启发孩子认识到错误，让孩子自己改正。比如说，在小区玩耍的时候，有的小朋友推了别人，就可以问孩子："你觉得这个小朋友的做法对不对呢？"如果孩子回答"不对"，父母可以接着问："为什么不对呢？"父母可以在听了孩子的回答之后，再跟孩子一起分析，这样做为什么不对，这个小朋友错在哪里，我们以后应该怎么做……

在引导孩子的过程中，父母的角色是引导者，而不是思想灌输者，这样做的目的是让孩子树立自己的道德观和价值判断体系，这样有助于孩子道德层面的成长，也有助于促进他们社交能力的提升。父母在育儿过程中，不仅要重视孩子的学习，还要重视孩子的品德教育。

小明在放学的路上，发现地上有10元钱，四下无人，于是就捡起来，想象着能用这些钱买些什么好吃的。到家后，小明兴奋地给奶奶展示他的"成果"，奶奶笑着拍了拍他的头，夸赞说："宝贝真厉害，奶奶一会儿拿着这个钱给你买好吃的去。"

正在这个时候，小明妈妈回来了，看到奶奶和小明都十分开心，于是问小明："有什么开心的事情呀？说来给妈妈听听。"小明把捡到钱的事情告诉了妈妈。妈妈告诉他："小明，你之前是不是学习了一首儿歌？里面唱的是'我在马路边，捡到一分钱，把它交到警察叔叔手里面'。你捡到钱，据为己有是不对的。"

小明听了妈妈的话，原本笑容满面突然变得有些委屈："但是奶奶夸我能干，奶奶说没事的。妈妈，为什么你要批评我呢？"

妈妈解释道："妈妈知道，奶奶夸你，你很开心。但作为一个守规矩的好孩子，我们需要做正确的事。捡到东西要物归原主，这样的行为才是真正的能干和善良。"

小明沉默了一会儿，然后认真地说："妈妈，我懂了。咱们去找警察叔叔，把钱交给他们吧。"

02 / 初来乍到——孩子如何适应这个世界

　　家人是非观念要一致，才能给予孩子正确的指引，让孩子建立正确的是非观念。妈妈向小明讲清了道理，同时教会了小明正确的是非观念。有些父母在教导孩子时会强调不要占小便宜，然而在买菜时他们可能在不经意间让摊主免费送点香菜。这种看似微不足道的举动实际上可能对孩子的价值观产生深远影响。孩子往往会模仿父母的行为，这样的示范可能会使孩子产生误解。

03

探索未知
——孩子"好奇"的快乐

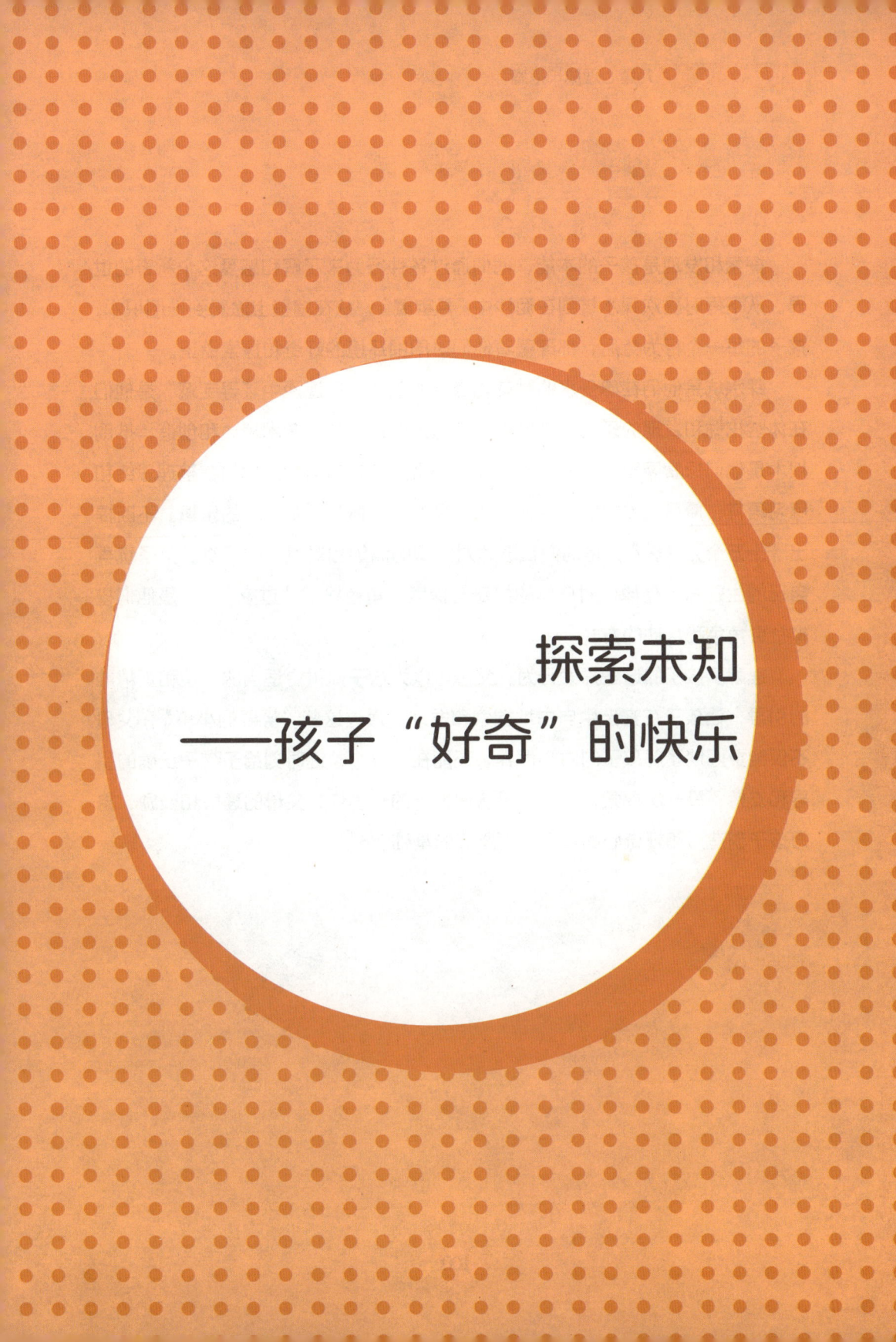

探索和发现是孩子的本能，他们通过各种行为来了解和感受这个新奇的世界。从下雨时喜欢踩水坑到在泥沙中"寻宝藏"，从在墙壁上涂鸦到推倒积木，孩子的每一个行为背后，都蕴藏着他们对周围环境的好奇和探索欲望。

踩水坑是他们在感受水的触感和变化的乐趣，在泥沙中"寻宝藏"是他们在体验挖掘和发现的乐趣，在墙壁上涂鸦是他们初步的艺术表达和创造，推倒积木是他们探索因果关系的自然方式。一个人喃喃自语，是他们在整理思绪和练习语言；掩耳盗铃式的躲猫猫游戏，是他们在体验"隐身"的乐趣。不断提出"十万个为什么"，是他们在表达对知识的渴望和对世界的好奇。孩子玩弄自己的生殖器，是他们对身体的好奇与探索；角色扮演"过家家"，是他们模拟社会角色和互动的方式。

理解了孩子的这些探索行为，父母可以为孩子提供更适当的环境和更精准的引导，让孩子在安全中自由地探索和发现。通过这些"重要的小事"，父母不仅能更好地了解孩子的内心世界，还能在每一个关键时刻给予孩子正确的引导和支持。每一次探索，都是孩子认识世界的一小步，父母的理解和鼓励，将为孩子创造力和好奇心的发展打下坚实的基础。

下雨喜欢"踩水坑"

《小猪佩奇》动画片中有一个大家耳熟能详的画面，就是踩水坑，佩奇和乔治都喜欢踩水坑，现实中的小朋友也是这样的。

孩子对踩水坑有一种天生的热爱。但是大部分的父母看到孩子踩水坑的第一反应是要把孩子拽出来，然后呵斥他："不要踩水坑，多脏呀！"

但是仅就踩水坑这件事情来说，孩子并没有什么不对的。这是一个他们都会经历的过程。当然，父母担心孩子接触到病菌，怕着凉，也并不是没有道理，但是父母是否想过孩子为什么喜欢这么做？当碰到这种情况的时候，怎么做才是正确的？

其实，爱踩水坑的这个阶段属于行走敏感期，处于这个阶段的孩子认知世界的方式不局限于眼睛和手，还包括脚。他们可能不停地行走，重复地爬楼梯，踩水坑等。无论哪种方式，对孩子来说都是一种让他们感受到快乐的游戏。

下雨的时候，小俊总是喜欢去踩水坑，边踩水坑边模仿《小猪佩奇》里面的场景："水坑……哼哼哼""我喜欢跳水坑，水坑……哼哼哼"……小俊的爸爸很苦恼，每次下雨都害怕小俊想出去玩，因为只要出门，小俊总是要去踩水坑，他拦都拦不住。有一天，又下起了雨，小俊兴奋地拉着爸爸的手，央求着爸爸带他出去玩。小俊的爸爸想着这次又会是一场泥泞的"战斗"，心中顿感疲惫，可是他又无可奈何。

小俊的同学小艳同样喜欢踩水坑。小艳的妈妈觉得小孩子玩水天经地义，她和小艳在下雨的时候有过这样一段对话。

"踩水坑真的太有趣了！"

"是的呢，水坑真好玩。"（小艳马上站起来，模仿着蹦了起来）

"踩水坑时需要穿什么啊？"

"雨靴！"

"是的，我们踩水坑时，需要穿上雨靴。"小艳的妈妈欣慰地说。

之后，小艳每次下雨去踩水坑时，都会有这份自觉性，有几次她都走到水坑旁边了，低头一看，然后自言自语地说："啊，我忘记穿雨靴了！"

对于孩子踩水坑这件事，小俊和小艳的父母持两种不同的教育方法，小俊的爸爸以训斥为主，这样不仅起不到任何的教育作用，还会限制孩子在行走敏感期探索世界的步伐。而小艳妈妈的做法更恰当，懂得应该怎么引导孩子去探索世界，如踩水坑时需要注意什么。

03 / 探索未知——孩子"好奇"的快乐

→ 孩子爱踩水坑是为什么？

下雨本不是天天都能遇到的，孩子对这个世界的认知程度不够，所以，下雨之后，路边积的大小不等、深浅不一的水坑，就引发了孩子的好奇心。这种景象只有在下雨后才能看得到。当踩水坑的时候，水花飞溅，这对孩子而言无疑是一种快乐。

父母可能只看到一个个普通的水坑，脏兮兮的，还有各种细菌。但是在孩子的眼中，水坑是一个可以创造无数乐趣的小世界。当他们跳进水坑，看到水花四溅，感受到水溅到腿上冰冰凉凉的感觉，还可以听到水声的脆响，这些瞬间都能带来纯粹的快乐。

→ 你的不经意会伤到孩子

不少父母在孩子踩水坑时会大声呵斥。如果孩子在尽情玩耍的时候突然被严厉地呵斥，会让他们感到惊慌不安，对周围环境失去信任，不敢再随意尝试自己感兴趣的事。当众批评孩子，会伤害他们的自尊，让他们感到羞愧，甚至开始害怕在人群中出现。每次去公共场所，他们都会回忆起那次经历，因此逐渐不愿意面对外界，最终可能导致他们变得沉默和孤僻，甚至拒绝外出。

父母要注意，如果重复强调不允许孩子做某件事情的时候，会在孩子的成长道路上加上牢牢的枷锁，限制孩子的发展空间。父母最容易犯的错误就是，总想规划好孩子的生活，让孩子按照自己的想法去生活。这样可能是避免了"踩水坑带来的着凉"，但同时会严重缩小孩子的生活空间，长此以往，孩子会一直待在一个框里，失去变通的能力。

→ 如何面对孩子踩水坑

对于孩子想要踩水坑的行为心理，父母需要找到一个平衡点，既不能过于严格限制，也不能完全放任。怎样才是正确的应对方式呢？

为孩子做好防护措施是最重要的。父母要提前探知这些水坑有没有危险，如里面有没有尖锐物品、有没有硌脚的砖块等。父母还要让孩子穿上雨靴，并保证在自己的视野内玩耍。当然，父母可以引导孩子跟自己一起判断水坑的安全性，让他们逐渐理解，什么样的环境下，可能会有危险，以及如何去避免危险。

当孩子对世界充满好奇时，父母不要急着拒绝，而是应该鼓励他们用他们自己的方式去探索。踩水坑虽然在父母看来是个小事，但对孩子来说却是巨大的快乐。这种快乐能让孩子更加热爱生活。在踩水坑的过程中，父母可以顺便教孩子一些自然知识。比如，可以问问孩子为什么会形成水坑，为什么会下雨，等等。通过这种询问的方式，引导孩子更好地认识这个世界。

→ 行走敏感期，释放孩子天性

踩水坑本就是孩子在行走敏感期的一种正常表现形式。当孩子进入行走敏感期，父母应尽量满足孩子的需求，让他们尽情地使用腿和脚，享受行走的乐趣。不要因为害怕孩子摔倒或遇到危险就限制他们。孩子只有经历过"跌倒"，才能"爬起来"，从而获得新的成长。

父母不应误认为孩子的行走敏感期会持续很长时间。事实上，孩子对周围环境充满好奇，积极探索新事物的这个时期并不会持久。行走敏感期是孩子生理和心理发展的一个重要阶段，在这个阶段，孩子通过行走来探索世界，建立基本的空间感和自信心。父母应鼓励孩子在安全的环境中自由行走，探索不同的地形和环境变化。父母可以通过各种方式来支持和促进孩子的行走活动。例如，在家中或户外设置一些简单的障碍物，让孩子学会绕过和跨越障碍，从而增强他们的平衡能力和肌肉力量。父母还可以陪伴孩子进行一些有趣的行走游戏，如追逐游戏或寻找隐藏的玩具，激发他们的行走兴趣和探索欲望。

在泥沙中"寻宝藏"

孩子喜欢玩泥沙，这是为什么呢？无论男孩女孩，都喜欢用泥沙堆城堡、小动物等，他们用泥沙创造了一个又一个的"世界"。但是，玩了泥沙，脸上和身上总是弄得脏兮兮的。父母为此真不知道怎么办才好。

小妍今年6岁，每次回到爷爷奶奶家，都会迫不及待地跑到后院去玩。这个后院对她来说是个神奇的地方，院子里堆着沙子和土堆。每次来到这里，小妍就两眼放光。

又是一个周末，小妍和爸爸妈妈来到爷爷奶奶家，刚进家门，小妍就拿起工具冲进了后院。小妍用泥巴和沙子堆小城堡，院子里的小狗在她旁边欢快地跑来跑去，有时还用爪子帮她"修建"城堡。小妍玩得不亦乐乎，笑声在院子里回荡。

爷爷奶奶看见小妍玩得这么开心，也忍不住走过来看看。他们发现小妍不仅用泥沙搭建了一座城堡，还用院子里的月季花瓣和沙子里的小石子，把城堡装扮得非常漂亮，爷爷夸奖道："小妍真厉害！这城堡你怎么想到的呀？"小妍说："这是我梦里的城堡。""小妍真棒，想象力真丰富！"爷爷夸赞她，小妍听了，别提多开心了。

太阳快要落山的时候，小妍依依不舍地看着她和爷爷奶奶一起建成的城堡。奶奶摸摸她的头说："等你下次回来，可以继续玩，还可以建一个更大的城堡。"小妍点点头，心里已经在期待下一次回爷爷奶奶家的日子了。

回家的路上，小妍对妈妈说："我好喜欢爷爷奶奶家的院子，在那里我可以和小狗一起玩，还能建城堡。"妈妈微笑着回答："只要你喜欢，我们

03 / 探索未知——孩子"好奇"的快乐

> 就经常回去。"
> 　　小妍开心地笑了，她知道，每次回爷爷奶奶家，都会有很多有趣的故事等着她去发现。

→ 为什么孩子喜欢玩泥沙？

其实从自然发展的规律来讲，孩子不断重复的自发性行为和内在的发展是息息相关的。孩子喜欢玩泥沙，是他们手部敏感期到了，0—6岁的孩子是感官学习者（蒙台梭利），他们喜欢感官游戏，同时依靠感官来获取对于世界的认识。感官包括视觉、听觉、嗅觉、味觉和触觉。

与固定的物质相比，泥沙具有流动性，可以给予孩子不同的触觉体验。用手抓起泥沙的时候，它可以从指缝中溜走。使用工具随意捏出各种造型。这种不同的变化，会对孩子产生强烈的吸引力。对于处于手部敏感期的孩子来说，他们可以通过摸、抓等各种方式，了解泥沙究竟什么样，加深他们对世界认知的程度。

孩子喜欢用小工具将泥沙放到不一样造型的小桶里，把泥沙塑造成各种各样的形状，从而激发他们探索世界的欲望和想法。而且，泥沙中偶然出现的各种不同的小石子等，会让孩子多一分"未知"的喜悦。

→ 玩泥沙的好处

小鸿今年5岁,爸爸妈妈平时工作比较忙,顾不上带他出去玩,这周末好不容易有空。

爸爸问他:"小鸿,明天是周末,你想去哪儿玩?"

小鸿回答道:"我想去玩沙子。"

爸爸说:"好,我听同事说,有一块沙滩最近刚弄好,人特别多,明天带你去。"

妈妈说:"不行,玩沙子多脏啊!明天爸爸妈妈带你去游乐场吧。"

小鸿说:"我就要去玩沙子,我就要去玩沙子!"

妈妈跟爸爸吵起来了:"让你非答应他玩沙子,沙子多脏啊!每次玩沙子,弄得全身都是,连鞋子里也都是。"

小鸿哭着说:"除了玩沙子,我哪儿都不去,我就去玩沙子。"

拗不过小鸿,妈妈只能勉强答应。但是妈妈也很烦,每次玩沙子,都弄得满身都是,真不知怎么办才好。

在保证安全的前提下,父母应给孩子多提供一些玩泥沙的机会,不要干涉孩子成长的规律。尤其是现阶段,一些大城市的孩子远离了"泥土味",生活在车

水马龙的社会环境中，更应该多一些亲近大自然的机会。泥沙是大自然赋予孩子的无法替代的玩具，玩泥沙有很多好处。

❶ 培养孩子的想象力和创造力

孩子在玩泥沙的时候，是遵从自己的想法的。泥沙可以让孩子随心所欲地创造各种不同的形状，他们可以随意地把泥沙塑造成各种他们没见过但能想象到的样子。玩泥沙的过程是塑造孩子想象力和创造力的过程，对他们的身心发展十分有利。

❷ 培养孩子的专注力

手脑双全，是创造教育的目的。如果我们的手和脑统一起来，那么我们就能达到一种极度专注的境界。人们常说的"身心合一"这种状态能够让人领会生命的语言，感受生命的存在，并与大自然的旋律交融。

当孩子玩泥沙时，他们的双手和心智是一起工作的，这能使他们的专注力得到很好的锻炼。在玩泥沙的过程中，孩子需要用心去感受泥沙的质地、重量和形状，他们的小手要灵活地操作，如挖沙、堆沙。这种手脑并用的活动，可以让孩子进入一种高度专注的状态。通过玩泥沙，孩子会变得更加睿智。

孩子在玩泥沙时，往往会完全沉浸在自己的世界里，心无旁骛地进行探索和创造。孩子不仅能发展手部的精细动作和协调能力，还能培养出一种持久的专注力和内心的宁静。这种身心合一的状态，能让他们更好地领会生命的意义，体会生命的美好与丰盈。

→ 陪孩子一起玩泥沙

❶ 给予孩子充分的时间和自由

有些父母不喜欢让孩子玩泥沙，认为这些东西"有细菌""不干净"，拗不过孩子才带孩子玩泥沙。孩子刚开始玩的时候，父母就开始说，"咱们就玩10分钟，10分钟时间到了就走啊""你要是弄一身，以后就不再让你玩了""注意别着凉，你要是玩这个感冒了，以后再也不能玩了"……

❷ 少批判，少指导

父母在陪孩子玩泥沙时，一般喜欢充当指导者，告诉孩子，这个应该怎么玩，不能怎么玩。这是陪伴孩子玩耍的大忌。泥沙本就有可塑性，因此才能充分发挥孩子的想象力和创造力，如果这时候父母一味指导，如"你看，城堡应该这么做"，孩子会丧失玩泥沙的乐趣。

父母需要做的是陪伴，如果孩子不要求父母提供帮助，那么父母应在保证安全的前提下，让孩子自由创作和游戏。

❸ 注意清洁和卫生

玩泥沙对促进孩子感官发育是有好处的，但大部分父母担心的问题不是没有道理的。那就是玩沙子的安全性。父母要注意把握"度"。比如，太热的天气去玩沙子，孩子很容易被晒伤或被烫伤；雨后，沙子的温度较低，孩子容易着凉；每次玩完沙子后，孩子要马上换衣服，注意手部脸部清洁等。

父母应做孩子坚强的后盾，如为他们准备一些可能用到的小铲子、小桶等，陪他们一起玩。这样可以在保证安全的前提下，让孩子玩得开心，自己放心。

被"涂鸦"的墙壁

相信每对父母都经历过这样的"烦恼"：洁白的墙上，不知道什么时候多了一些涂鸦，房顶上不知道什么时候多了一些"不明飞行物"。到底是什么时候画的，房顶上的"不明飞行物"又是怎么来的？原来，墙上的"画"是孩子刚收到新画笔的时候画的，甚至有的是在写作业的时候画的。房顶上的"不明飞行物"是孩子往房顶上投的，如鞋印是孩子拿着鞋子扔上去的。为什么明明告诉孩子，不要乱涂乱画，还是屡禁不止？为什么明明告诉孩子，鞋子要放在鞋架上，房顶上还会有鞋印？……

每个宝宝在1岁半左右开始到三四岁的时候，都会经历一段涂鸦期。他们会随意乱画，实际上是他们心智发展的需要，他们开始用自己的方式（涂涂画画）来认识这个世界，进而表达自己。

最初孩子的涂鸦是无意识的，父母问他们："为什么这么画？"他们通常会回答他们也没什么目的，想画就画出来了。随着年龄的增长，孩子的手部控制能力得到增强，他们会通过自己的涂鸦进行自我情绪的表达。

> 4岁的慕慕刚上幼儿园。爸爸妈妈给他买了一些彩笔，让他在幼儿园涂色用。家里也给他准备了一张学习桌，让他在家也可以涂涂画画。但是有一天，爸爸在慕慕旁边看着他涂色的时候突然发现，桌子旁边的白色墙壁上，画了满满一墙的"画"，也看不明白画的是什么。爸爸气愤地问慕慕："你看看你，这画的什么啊？你又不会画，给你准备了纸，为什么还在墙上画？"
>
> 慕慕也不说话，只是对着爸爸笑。没有办法，妈妈给他准备了一个小黑板，放在了学习桌的旁边，这样慕慕下次想画的时候，可以画到黑板上，就不用画在墙上了。但过了几天，妈妈发现，黑板上什么都没有画，但是黑板旁边的墙上，又被慕慕画满了乱七八糟的线条、图案。
>
> 真是无可奈何，慕慕的爸爸妈妈觉得既好气，又好笑。看着每次慕慕画得不亦乐乎，爸爸妈妈也不忍心再责罚他，索性对慕慕说："慕慕，这个房间是你的，你可以拿着笔随便往墙上画。但是，这间屋子以外的地方不是你的房间，你就不可以乱涂乱画了。现在，你给爸爸妈妈讲讲，你画的是什么？"
>
> 慕慕听了爸爸妈妈的话，非常开心，给爸爸妈妈开心地讲起来："这是一架飞机，这是我的家，这是爸爸，这是妈妈，这是妹妹，这是我们家的小猫咪。"爸爸妈妈被慕慕带入了他的童话王国，仿佛又回到了自己的童年……

其实，并不是所有的父母都能做到慕慕的爸爸妈妈那样。在看到孩子在家里的墙壁上乱涂乱画时，大多数父母都非常生气，甚至会粗暴地训斥孩子：

> 你这画的是什么？什么都不会画，你以为自己画得很好啊？
>
> 不是给你准备纸了吗，为什么还要画在墙上？
>
> 墙上是画画的地方吗？再乱画，把你的笔都收了。
>
> ……

任何形式的干预都会影响孩子画画时的情绪，打断他们的专注，甚至可能抹杀他们对绘画的兴趣、创作激情和想象力。

有哪个成年人能像孩子那样无拘无束地画画？孩子的想象力和创造力是与生俱来的，他们那些天马行空的想象和创作是纯粹的、本真的，没有一丝杂质。许多艺术大师从孩子的创作中汲取灵感，认为他们的创作中蕴含着无限的可能性和新奇的创意。孩子的涂鸦更像一种无拘无束的艺术表现，他们的每一笔、每一画都充满了独特的魅力和童真的烂漫。

其实父母小的时候，是不是也会在院子里的墙壁上涂涂画画；也会在胡同的墙壁上写只有自己才懂的文字；也会在学习桌旁边的墙壁上贴自己喜欢的明星海报……

→ 如何应对孩子的"涂鸦期"？

陪孩子一起画画是一种极好的互动方式。无论孩子画得如何，都不必在意，父母的陪伴和关注才是对孩子最大的鼓励。

当孩子完成自己的作品后，父母可以通过增加一些剧情来进一步激发孩子的想象力。比如，当父母看到孩子画的作品时，可以编一个小故事，让孩子参与其中，发挥他们的想象力，创造出更多有趣的情节。"宝贝，你这画的是什么啊？里面这个小孩是你吗？"这种互动不仅能使绘画变得更加有趣，还能让孩子从中获得成就感和满足感。

对于那些还没有明显形状的涂鸦，父母可以通过引导的方式帮助孩子进一步创作。例如，孩子画了一个圆形，父母可以引导他们观察身边有哪些物品是圆形的，然后鼓励他们添加细节，使这个圆形变成生活中的某个物品。爸爸可以引导孩子说："你看我们家的电扇是不是圆的？你要画的是不是电扇，还是其他东西呢？"

父母在孩子涂鸦时的角色应该是引导者，而不是指挥者。孩子应该拥有创作的自主权，父母需要尊重他们的创意和表达方式。要让孩子拥有握画笔的主动权，以充分发挥他们的想象力和创造力。

涂鸦期一般出现在孩子2—4岁的时候。父母可以提前做准备，如装修的时候，选择一些能擦洗的漆面，这样孩子在涂鸦之后，可以及时进行清洗，或者像慕慕的爸爸妈妈一样，直接为孩子准备一面"涂鸦墙"。

给孩子提供多种绘画工具，如毛笔、蜡笔、马克笔、滚刷和颜料，让他们体验多样的艺术创作，感受到父母对他们绘画兴趣的支持，这样他们就不会故意乱涂乱画了。父母还可以给孩子提供旧床单或衣服，让他们在不同材料上绘画，体验不同质地的绘画感受，增强他们的感知力，满足他们的好奇心。

无论孩子是胡乱涂鸦还是有意识的涂鸦，父母都不要限制他们，而要给予他们一个充分的空间，支持他们的涂鸦活动。

→ 正确引导孩子涂鸦

① 过早地教授孩子绘画技巧没有什么用

不必过早教授孩子绘画技巧，因为绘画的过程对孩子来说更重要的不是技术的掌握，而是自由表达和创造力的发展，让孩子按照自己的想法去涂涂画画，可以让他们在绘画中找到乐趣，激发他们的想象力和创造力。

如果过早地教孩子正确的画法，或者要求他们按照大人的意愿来布局、着色、表达某些情节或者故事，可能会限制他们的思维，削弱他们的创作热情。每个孩子都有自己独特的视角和表达方式，父母应该鼓励他们自由表达，而不是将成人的标准强加给他们。

让孩子自由绘画，不仅可以发展他们的艺术才能，还能提高他们的自我表达和问题解决能力；他们不仅能在绘画中找到乐趣，还能在探索和创造中培养自信心和独立性。尊重孩子的独特表达方式，让他们在绘画中自由发挥想象力和创造力，是促进他们全面发展的关键。

② 积极回应孩子的涂鸦作品

父母在面对孩子的涂鸦作品时，最重要的是给予积极的回应。这不仅是对孩子努力的认可，更是对他们创作热情的激发。当孩子完成一幅涂鸦作品时，父母可以用热情的语言表达对作品的喜爱，如"哇，这幅画真棒！"或者"你用这些颜色真有创意！"。这样的回应能让孩子感到被重视和认可，从而增强他们的自信心和对绘画的兴趣。

父母可以将孩子的涂鸦作品收集起来用卡纸装裱，并记录下作画的时间和孩子的心情，然后将这些作品展示在家里的墙上或专门的展示区。这种展示不仅能美化家居环境，还能让孩子看到自己的进步，增强成就感，进一步激发他们的绘画兴趣。

通过积极回应孩子的涂鸦作品，父母不仅表达了对孩子创作的支持，还无形中加强了亲子关系。孩子会感受到父母的关爱和认可，从而愿意与父母分享更多的作品和想法。

另外，孩子从最初画简单线条到后来的复杂图案，反映了他们思维和技能的进步。父母可以由此更好地了解孩子的兴趣和发展方向，给予他们更有针对性的支持和引导。当孩子看到自己的作品被认真对待并展示出来时，他们会更有动力去创作新的作品。

③ 鼓励孩子表达自己的想法

孩子最初的涂鸦可能是无意识的。父母可以通过适当的引导，将孩子的无意识涂鸦转变成有意识绘画。比如，当孩子画出一个球形时，父母可以说："我看出来了，你画的这个球形是咱们家里的足球吧？你画得真好！"这种赞许能够对孩子起到鼓励的作用。得到父母的鼓励后，孩子会更充分开启自己的想象力，让自己画得更像，更真实。

④ 丰富孩子的日常生活体验

在日常生活中，父母可以引导孩子注意观察周围事物，并通过简单、生动的语言进行描述和赞美，以激发孩子的好奇心和观察力。比如，当父母和孩子一起在公园玩，看到一片红叶时，父母可以说："这片红叶真漂亮，形状好像一个小巴掌！"父母也可以尝试用孩子的视角看世界，使用他们能够理解和感兴趣的语言进行比喻。例如，父母可以问孩子："你觉得这片红叶像什么？"这样的互动可以鼓励孩子运用想象力去联想，从而加深对事物的理解。

父母可以有意识地为孩子提供观察自然和日常生活的机会。例如，在公园玩的时候，父母可以引导孩子观察花朵的形状和颜色，聆听鸟儿的叫声，感受树叶在风中的摇曳。在孩子观察事物后，通过提问来引导他们进行联想和思考。例如，父母可以问："你觉得这片红叶掉下来后会变成什么样子呢？"通过这种有意识的引导，孩子能够更好地发挥自己的想象力。

→ "像不像"并不是标准

父母不要按成年人的标准来评判孩子画得对不对，好不好。孩子在涂鸦期这个阶段，对世界的认知还不够深刻，他们涂鸦的往往是他们想象中的世界，如"自行车的轮子是方的""爷爷比爸爸年轻"等。父母在这个时候，不要指责孩子，如"这个老爷爷一点儿不像老爷爷，应该有白胡子""你这画的是什么，我啥也看不明白，这不是乱画吗"。

在孩子的世界里，老爷爷可以不长白胡子，车轮就是方的，而在成年人的世界中，这就是错的。但需要注意的是，面对孩子的涂鸦，父母要看到的不是他们画的东西是不是对的，而是他们的想象力和创造力。他们自己创造了方形的车轮，创造了没有白胡子的老爷爷，那这个车轮和老爷爷，在他们的"涂鸦世界"里就是正确的。

父母需要做的是欣赏孩子眼中的美好世界，而不是干涉，不是纠正他们的错误。父母要确定的是，孩子有在思考，有在用自己的想象力来作画就可以。

就爱"搞破坏"

> 父母不知道从什么时候开始发现,自己回到家去洗手的时候,水盆里泡着被掰成小块的香皂;昨天给孩子买的书,今天变成了两半;地板上全是散落的泡沫盒的"小雪花片片";家里的钟表没有了外面的框;桌子上的餐布上一个又一个的小洞洞……
>
> 相信每对父母都经历过这样的情景。家里有一个爱"搞破坏"的孩子,很难有父母可以控制住自己的情绪,以至于一些父母常常诉苦:"我们家的孩子才4岁,已经变成真正的'破坏大王'了,这可怎么办才好?"

无论对孩子如何训斥和批评,一转眼,他可能就去破坏其他东西了。孩子的这种行为屡禁不止,那么这种行为到底是好还是坏,应该怎么约束呢?

→ "搞破坏"的动机

2—9岁是孩子爱搞破坏的高发期。在这段时期,他们特别热衷于撕东西、扔东西、拆东西,似乎永远不能消停。其实孩子的这种行为,并不是一种真正意义上的破坏行为。孩子的"破坏行为"分为"无意识破坏"和"有意识破坏"。大多数孩子之所以难以控制地进行"破坏",实际上是因为他们强烈的好奇心。在这个时期,孩子不断发展新的能力,渴望与周围的各种事物进行互动,然而,他们的能力尚不足以创造新的事物,因此只能通过相对简单的"破坏"来表现。相比于创造事物,拆解事物总是更为简单。培养一棵参天大树需要几十年甚至上百年的时间,而砍倒它,只需要几分钟。

所以说,在孩子的能力水平快速发展的阶段,他们经常通过"搞破坏"来满足好奇心,以及展示自己的能力。对他们来说,与事物的互动毕竟是"刚性需求"，其中最简单的办法是破坏行为。好奇心是这个阶段孩子的主要心理特征之一，对于不理解的事物，孩子总有探索的心理，他们总想"看一看""摸一摸"。比如，孩子喜欢拆卸玩具，拿着遥控器按个不停，电灯开了关、关了开，等等。他们就是想弄明白这里面到底有什么"秘密"，为什么会这样？这是孩子学习的一种表现。

当然还有一小部分孩子搞破坏的原因是源自攻击性。他们单纯是为了破坏而破坏。比如，有些孩子不开心的时候，就会摔东西、扔东西等。这个时候，父母要对他们的行为进行干预，同时反思自己是不是对孩子的关心不够。

→ "破坏"的过程是学习的过程

孩子"搞破坏"的主要原因是出于好奇心。如果父母不想扼杀孩子宝贵的好奇心与探索精神，就要对他们的"破坏"行为予以包容，因为"破坏"的过程也是学习的过程。

孩子"搞破坏"的过程，是一个手眼高度协调的过程，也是一个锻炼思维的过程。如果孩子带着疑问去"搞破坏"，并在父母的协助下用自己的方式找到答案，这不仅对孩子的思维发展十分有利，还对培养孩子的动手能力、创造能力十分有利。孩子在拆解和"破坏"的过程中，不仅能学习如何操作物品，还能理解物品内部的结构和功能。

父母应当有意识地创造条件，满足孩子的好奇心，助其步入"探索之旅"。那么，父母具体应该怎么做呢？

1 创造一个可以"破坏"的环境

父母可以给孩子创造一个让他们放心去"搞破坏"的环境。比如，规划一个空间，这个空间内的东西是可以"被破坏"的，包括一些撕不烂的书、一些没用的布料、一些坏掉的玩具。

2 给孩子准备一些可以拆装的玩具

父母可以给孩子准备一些拼装积木。孩子可以通过拼搭积木，理解不同形状和颜色的组合方式，并在不断尝试中提升创造力和逻辑思维能力。组合性的玩具，如拼装模型或磁性积木，可以激发孩子的兴趣，让他们在不断拆装的过程中学习如何解决问题。

拆装工具车等玩具可以让孩子模仿成人的操作，体验真实的工具使用。这不仅能增强他们的动手能力，还能培养他们的耐心和专注力。父母可以陪孩子一起玩这些玩具，当孩子遇到困难时，可以适时提供建议，引导他们自己找到解决办法，而不是直接给出答案。

❸ 参与到孩子的"搞破坏"行动中

小明一直对各种机械零件充满好奇。一天,爸爸带着小明去玩具店,给他买了一辆他心心念念很久的模型汽车。小明高兴极了,紧紧握着模型汽车,迫不及待地想回家玩。

刚到家,小明就迫不及待地摆弄起了新玩具。妈妈在厨房忙着做饭,爸爸坐在沙发上看报纸。不一会儿,爸爸听到一阵细微的拆卸声,抬头一看,小明已经把新买的模型车拆成了碎片。

妈妈走进客厅,看到地上一堆零件,立刻气不打一处来,质问小明:"小明,你怎么回事?刚刚给你买的车,你就拆成碎片了,以后再也不给你买玩具了!"

小明低下头委屈地说:"我只是想看看里面有什么。"

爸爸放下报纸,走到小明身边,告诉妈妈说:"别这么急。小明只是好奇,想了解玩具的内部结构。这个事情交给我就好了。"

妈妈叹了口气说:"可是他这样会弄坏玩具的。"

爸爸对小明说:"小明,玩具拆了没关系,但下次可以先告诉爸爸妈妈，我们可以一起看一看里面有什么，爸爸最喜欢跟你一起拆装东西了。"

小明点点头，爸爸笑了笑，拿起地上的零件："既然你想知道里面有什么，我们一起来看看吧！"

爸爸开始逐个讲解模型汽车的各个部分："这是车轮，这里是引擎，这是传动装置。你看，这些小齿轮是这样配合运转的。"

小明听得入迷，眼睛闪闪发亮地说："原来是这样啊！"

"现在，我们一起来把车组装回去。你看，先把这些零件按顺序摆好，然后一步步装回去。"

爸爸和小明一起合作，把模型汽车修好了。妈妈看着两人认真投入的样子，笑着说："看你们两个这么认真，玩玩具也变得更有意义了！"

小明开心地举起修好的模型汽车，激动地说："谢谢爸爸！我学到了好多东西！"

一些家长看到孩子"破坏"玩具或者其他物品的时候，就会大声批评：

小明，我怎么跟你说的，要爱惜书籍，你看你这书，成什么样了，还怎么看？

我昨天给你买的玩具，今天成了碎片，以后不给你买了！

你看看这墙，怎么就知道抠墙皮？挺好的东西，你抠它干什么？

我这新买的沙发，上面都是你的脚印子，怎么就穿着鞋踩？

给你买的新衣服，一点儿也不爱惜，以后你就捡衣服穿吧！

……

这种方法可能会暂时管用，但同时会扼杀孩子的好奇心。父母要理解孩子用"搞破坏"来探索世界的方法。父母可以加入孩子的探索，如可以跟孩子一起把模型汽车拆开，给他详细讲解车的构造，再跟他一起把家里坏掉的玩具都修理好。这样孩子可以从中获得满足感和成就感。

　　对于大一些的孩子，可以给他们准备一些螺丝刀、工具书，如果是男孩子，爸爸可以跟孩子说："你是家里的小男子汉，如果家里有什么坏掉的东西，咱们两个一起把它修好。"通过这种方式，可以进一步激发孩子的使命感和责任感。

→ 注意"破坏"行为的安全性问题

　　年龄较小的孩子对一些危险物品，如家里的燃气灶、热水壶、插座等了解得不够透彻，父母一定要告知孩子，什么东西可以碰，什么东西不能碰，为什么不能碰。

　　孩子在安全的前提下"搞破坏"，有助于锻炼他们的手眼协调能力和思维能力。父母要注意合理地引导孩子对陌生事物的新鲜感，在安全的前提下，多引导、鼓励孩子，让他们自由且安全地探索，这对孩子的生长发育十分有利。

推倒比搭建更"快乐"

积木对孩子来说，是一种很好玩的玩具。因为它可塑性强、玩法多样，而且不容易玩腻，孩子可以从1岁玩到十几岁。

但是孩子玩积木时，父母通常会有如下烦恼。

"刚刚开始陪孩子玩积木的时候信心百倍，但他根本不跟你好好玩，玩一会儿就推倒了，还对着你笑……"

"我家孩子玩积木时就是'破坏大王'，搭不了几块，就开始给你扔了。"

"感觉对他来说，推倒更开心呢。"

"马上小房子就建好了，上去就给推了。"

……

相信每对父母都经历过这样的烦恼：信心百倍地陪着孩子玩积木，就要大功告成的时候，孩子开心地把积木推倒了，他就不能好好玩。为什么推倒比搭建更"快乐"呢？父母又该怎样引导孩子玩积木呢？

→ 推倒积木的快乐

孩子喜欢推倒积木，这其实反映了他们独特的认知和探索方式。这种行为并不是坏毛病，而是孩子通过实践认识世界的一种自然表达。孩子的思维和意识是纯粹且独特的，他们的视角不同于成年人。在他们的认知中，推倒积木是一个充满乐趣且具有挑战性的游戏。他们用自己的小手，亲眼看见积木通过自己的力量瞬间倒下，这种即时反馈的体验让他们感到无比满足和快乐。

对孩子来说，这个世界充满了惊奇和未知的探索，他们以自己的方式去感知、理解周围的事物，而推倒积木正是其中一种探索形式。孩子推倒积木并不是因为他们具有破坏欲或是故意调皮，而是因为他们在这个过程中找到了快乐，并通过重复这种行为不断验证自己的能力。

孩子通过推倒积木了解了很多物理原理，如因果关系、平衡与重力的作用。他们在不断的推倒和重建中，锻炼了手眼协调能力和动手能力，这些都是他们成长过程中的重要一环。父母应当尊重并支持他们这种探索世界的方式，给予他们足够的自由和空间去实践和体验。

父母作为成年人，习惯于按照既定的规则和方式玩玩具，对推倒积木的行为常常感到困惑，甚至认为这有些不合规矩。但父母需要理解，对于孩子来说，他们还没有完全掌握成年人世界的规则和逻辑，因此他们的行为和思考方式自然与成年人不同。对他们而言，推倒积木是一种简单而直接的、因果关系的探索，他们从中获得了重要的学习体验。

→ 为什么推倒比搭建更"快乐"？

这个阶段的孩子进入空间敏感期。空间敏感期从孩子会爬行的时候就开始，到 6 岁左右结束。在这个阶段，父母会发现，家里的"小天使"突然变得爱调皮捣蛋、扔东西、藏东西、翻东西，家里没有他去不了的地方。他们以外界空间的改变为乐趣。所以，当他们看到自己搭建好的小汽车、小房子在一瞬间倒下，他们就会很"快乐"。在推倒积木的过程中，他们看到了积木形态的改变，看到了积木从高到低的变化，这让他们更开心。

他们心里可能在想："我一使劲，这个小房子就倒了，真好玩！"

孩子从6个月左右开始，就会通过自己的一些重复性动作来感受这个世界，探索这个世界。比如，从那个时候开始，他们可能就会拿起一块积木放到另一块积木上，然后推倒，再放上去再推倒，重复感受这个空间的变化。"重复是孩子的智力体操。"孩子重复的过程，就是他们学习的过程，他们的兴趣就是从自己重复性的动作中慢慢产生的。他们在反复搭建推倒积木的过程中，认识到事物的因果关系，如"我用小手一推，积木就倒了""我把积木放上去，它就变高了"等。孩子的各项能力就是在这种反复中不断发展的。

对于孩子来说，推倒才是搭建的基础，父母可以将他们的行为看作对积木的"解构"。特别是对于2岁以下的小宝宝，推倒积木实际上是他们认识和探索积木的第一步，这几乎是他们成长过程中必然经历的一个过程。

当父母看到孩子推倒积木时，不要轻易地认为他们是在故意搞破坏，更不要因此生气，甚至拒绝让孩子继续玩积木。孩子通过不断的装和倒、推和拉等重复性动作来探索物体之间的关系和空间布局。这种反复的操作不仅能帮助他们理解物体在空间中的位置和变化，还能锻炼他们的手眼协调能力和精细动作发展。父母要理解并支持孩子的这些探索行为，而不是一味责备和限制。

→ 和孩子一起玩搭建游戏

孩子喜欢玩推倒和搭建的游戏，父母一定要陪着他们一起玩。不过需要注意的是，在陪孩子玩的过程中，注意孩子才是这个游戏的主导者，父母不要将自己的想法强加给孩子，更不要否定孩子的想法和创意，更多时候，父母需要做的仅仅是陪伴和适时的引导。

03 / 探索未知——孩子"好奇"的快乐

小凯特别喜欢玩积木，总是缠着妈妈给他买各种不同的积木。小凯玩起积木来，能自己拼装一个小时甚至更久。但是小凯的爸爸不怎么支持，因为他每天很忙，回到家，看到小凯玩积木时反反复复地推倒再搭起来，然后又拆开，觉得他是在做无用功。于是爸爸对他说："要不就别玩了，你要玩就好好地玩，天天在这玩积木，到最后啥也没拼出来，有啥意思？"

小凯不知道该怎么做了，爸爸说："来，我教你怎么玩。"

于是小凯的爸爸带着小凯，看着说明书拼起积木来。

在拼装过程中，爸爸不时会有嫌弃的话语涌出：

"你别动，积木不是这么玩的。"

"跟你说了，别拆，别拆，拆了怎么拼？"

"你这孩子，怎么就不听话呢？不是跟你说了，要拼好。"

"你再动一下，我就不帮你拼了。"

小凯爸爸的做法是对的吗？

父母应该尽量尊重孩子的想法，鼓励孩子动手尝试，而不是像小凯爸爸一样，对孩子说"你这样拼不对""你应该这样拼"。不要限制孩子的思维，破坏他们的创造力和想象力，这样会让孩子原本觉得很有意思的游戏变得非常无聊。

要以孩子的思维去陪伴孩子搭建积木。如果孩子有意识地推倒积木，父母可以做出吃惊的表情，并对孩子说"你这么厉害，轻易地就推倒了它！""你好棒啊！"之类的话。对孩子而言，父母的认可是他们增强成就感的最有效方式。

父母可以引导孩子变化搭建积木的方式，如"你想象中的房子是什么样的？""我不会搭建小汽车，你能帮帮我吗？"。通过这种引导，可以进一步激发孩子的兴趣，同时锻炼他们的思考能力。

→ 索性陪他"推倒"

如果孩子就是喜欢推倒积木，只要一推倒，他们就会很开心，那为什么父母不能陪着他们开心和快乐呢？

父母可以跟孩子一起搭建高高的积木，然后兴致勃勃地跟着孩子一起推倒它，看着积木四处散落，听着积木落地的声音，分享这份简单而纯粹的快乐。

在推倒积木的过程中，父母可以和孩子比一比谁能推倒更多的积木，和孩子一起探索为什么积木一推就会倒，往左边推是不是往左边倒？孩子可以在推倒积木的过程中，感知推倒的力度，尽情地释放自己的好奇心，尽情探索。

一个人总喜欢"喃喃自语"

一些孩子在2岁之后,经常会出现喃喃自语的现象。爸爸妈妈可能会发现自己家的小宝贝在说话,仔细地听,又不知道他到底说了什么。一度怀疑,孩子是不是有什么问题了?这是怎么回事,应该如何解决呢?

果果今年3岁,非常聪明,但最近果果出现了一个"奇怪"的行为,全家人都很困惑。

有一天,果果在客厅里玩积木,他专注地搭建着一个高高的城堡,嘴里不停地嘀咕着:"谁在破坏我的城堡……哈哈,我的城堡马上建成了……"

"国王非常危险,世间谁最勇敢?我最勇敢,我要拔出巨剑,翻过最高的山,拯救整个王国……"

妈妈走过来,轻轻地问:"果果,你在跟谁说话呢?"

果果抬起头,露出甜美的笑容,回答道:"妈妈,我在和我的小伙伴说话呢!他们在帮我建城堡。"

妈妈笑了笑,继续问:"哦?那你的城堡建得怎么样了?你去哪儿拯救王国呢?"

果果指着他的积木作品,骄傲地说:"看,我的城堡快建好了!等下小公主和小骑士就能住进来了。"

"我要去城堡拯救国王。"

下午,果果躺在被窝里,望着天花板,开始自言自语:"有一天,小红帽走进了森林,她看到了一只大灰狼……大灰狼说,你要去哪儿呀,小红帽?"

爸爸在门口听到了,轻轻推开门问:"果果,你在讲什么故事呢?"

果果睁大眼睛,兴奋地回答:"爸爸,我在讲《小红帽》的故事。大灰狼坏坏的,但小红帽很聪明,她不会上当的!"

果果继续说道:"然后,小红帽去了外婆家,把大灰狼的计划告诉了外婆。她们一起想了一个好办法,把大灰狼赶跑了!"

虽然问果果,果果能答上话来,但是为什么他总喜欢自言自语呢?爸爸妈妈很苦恼,但是又不知道该怎么办。

很多孩子有过自言自语的情况,父母因此而焦虑和紧张,害怕这种自言自语的行为是孤独症的前兆。其实,孩子从 2 岁开始就进入语言爆发期,这个时候他们经常会边玩游戏,边自言自语,这是幼儿语言发展过程中的一个必然现象。

发展心理学家维果斯基是第一个提出儿童私语重要性的心理学家。他认为儿童的语言发展需要经历三个主要的发展阶段:和他人交谈时使用的外在社交语言、外显的自言自语和无声的内部私语。维果斯基认为儿童的自言自语是一个必经而且对儿童语言认知发展非常有益的阶段。通常,外显的自言自语在 2—3 岁出现，3—5 岁儿童出现此情况的频率较高，6—7 岁以后就逐渐减少和消失了。

其实不只是孩子，成年人也经常有自言自语的情况，这种现象在心理学上被称为"独白"。人们的语言其实有心理语言和外部语言两种，心理语言是内心想到的、想要说出来的话。外部语言则是平时说的话。2—3 岁的孩子以外部语言的学习为主，如喊妈妈、爸爸，背古诗，等等。随着年龄增长，孩子渴望将内心的想法表达出来，这时他们就会逐渐产生心理语言，从而自言自语，把自己心里面的想法表达出来。这种自言自语其实是从外部语言到心理语言的过渡方式。

孩子喃喃自语经常发生在他们自己玩玩具的时候，如拿着小汽车玩耍的时候，他们会说："小汽车，滴滴滴。""快躲开，小汽车来喽！""咚，撞车了，车翻了，我们快点儿把它修理好。修理好了，又可以正常走喽！"这种喃喃自语其实是孩子游戏的一部分，可以有效促进孩子语言能力的发展，同时培养他们独立性格的形成。

➡ 自言自语的行为都有什么？

❶ 重复语句的文字游戏

重复语句的文字游戏是儿童在早期语言发展中的一种常见活动。这种活动表现为孩子重复某些词语或声音，一般是有一定节奏感和韵律的。

当孩子在房间里走来走去，反复说"把积木放进沙子里，把积木放进桶里，把积木放进衣服里"时，孩子在进行这些活动时，往往会展现出较强的创造力和想象力。他们会尝试将积木放入不同的地方，这是他们在探索不同物体和环境之间的关系。

家里有宠物的父母会发现，孩子在跟猫咪玩的时候经常会说："猫咪跳到沙发上了，猫咪跳到椅子上了，猫咪跳到桌子上了。"孩子是在通过这种方式娱乐自己。

❷ 幻想类的游戏

在这类游戏中，孩子可能会扮演各种不同的角色。最常见的是，孩子在听《西游记》的故事时，会经常自己扮演里面的角色：

> 你是谁家的孩子，怎么被绑在树上了？（唐僧说的）
>
> 师父，这荒郊野岭的，哪有人家？一定是妖怪变的！（孙悟空说的）
>
> 师父，我是好人家的孩子，救救我吧！（红孩儿说的）
>
> 出家人以行善为本。救人一命，胜造七级浮屠！八戒，把他放下来！（唐僧说的）
>
> 你是猴子请来的救兵吗？（红孩儿说的）
>
> ……

孩子听《西游记》听得有趣，就会不自觉地模仿里面的情节，他们这是在用自己的方式分析和重构自己感兴趣的知识。孩子可能还会添加一些自己想象的动作，一边自言自语一边挥舞金箍棒。

同样，还会有些孩子在跟毛绒玩具玩的时候，一边给毛绒玩具喂水、喂饭、打针、输液等，一边说："宝宝乖，张嘴吃饭饭。""乖，打一针病就会好了，不要动哦，马上就好。"这种行为就是在模仿爸爸妈妈照顾自己的情景，幻想自己是爸爸妈妈，是医生，而毛绒玩具是孩子。

❸ 缓解焦虑的情绪

当孩子突然想起来自己之前看到过的动画片中的恐怖场景，或者日常生活中见到的一些害怕的场景时，就会自言自语："这不是真的，不用害怕！"比较常见的是，当孩子在外面碰到小狗，他又感觉害怕的时候，就会自言自语："小狗狗不咬人的，我不害怕！"其实，这些话是爸爸妈妈安抚他们情绪的时候说的，他们是无意识地记下来，在焦虑或害怕的时候，会脱口而出来缓解自己焦虑、害怕的情绪。

孩子自言自语，父母应该怎么做？

❶ 不要过分担忧和打断孩子

蒙台梭利指出：孩子在进行其他活动时的自言自语，既不是说给其他人听的，也不是说给自己听的，而是孩子情不自禁的一种行为，他们在将自己内心所想和现在所做的活动在第一时间用语言表达出来。

当孩子自言自语时，父母无须过度反应或担忧。这种行为实际上是孩子从外部语言向内部语言转变的过程，标志着他们语言能力的逐渐成熟。父母应理解并尊重孩子的这种自然行为，避免频繁打断他们。例如，父母不要总提醒孩子"安静点，不要说那么多话"，因为这样会干扰孩子的思考过程和创造力。孩子在自言自语的过程中，不仅在练习语言技能，还在整理自己的思维和情感。这种自我对话是他们理解和处理世界的一种方式，有助于他们发展独立思考能力和问题解决能力。通过反复说话，孩子能够更好地记忆和掌握新词汇，同时能更好地构建自己的语言结构和逻辑思维。父母应当给予孩子足够的空间和时间，让他们自由地表达和探索。父母可以通过观察孩子的自言自语，了解他们的兴趣和内心世界，而不是试图控制或限制他们的言语表达。

❷ 找寻合适机会加入孩子的游戏环节

孩子自言自语时并不是在随意说话，而是在进行深入思考，这也是他们注意力高度集中的时刻。父母可以利用这一机会，默默地观察和倾听，了解孩子的思维过程和情感状态，寻找合适的时机参与到他们的游戏中。比如，当看到孩子在和布娃娃"对话"时，父母可以问孩子："为什么布娃娃在哭？她是不是想妈妈了？你在讲什么故事？妈妈也想听听，你可以告诉我吗？"

通过有意引导和鼓励孩子进行交流，不仅能丰富他们的想象力，还能提高他们的语言表达能力，提升他们的思维和认知水平。父母应当敏锐地捕捉孩子自言自语中的兴趣点并适时加入对话。

③ 鼓励孩子多跟他人交往

通常来说，孩子在独处或面对不熟悉的环境时，更容易出现自言自语的情况。这种行为通常表明孩子感到寂寞和无助，渴望得到陪伴和安抚。对于处于自言自语状态中的孩子，父母应该给予其足够的关注和爱。如果孩子自言自语过于频繁，有可能会导致他们沉浸在自己的世界中，进而出现社会交往障碍。这一点需要父母特别注意。

为了避免这种情况，父母除了多陪伴孩子，还应该尽可能地为他们创造与其他小朋友见面和交往的机会。通过增加社交互动，孩子能够逐渐扩大自己的人际交往圈子。父母可以通过各种社交活动，如参加亲子班、游乐场聚会、儿童兴趣小组等，帮助孩子接触更多同龄人。

→ 引导孩子进行积极思考

父母对孩子都是细心照料，生怕孩子受伤、孤独，但是孩子和成年人是一样的生命体，他们也需要有自己独处和思考的空间。所以在陪伴孩子时，在保障安全的前提下，适时为孩子创造一些独处的空间，让孩子自己"安静"下来。当然，让孩子独处，并不是将他们隔离起来，而是让他们有一些思考问题的时间。

> 小雅的爷爷奶奶平时不带她，所以每次小雅来爷爷家玩，爷爷奶奶两个人都跟着她，生怕冷落了她，会带着她在院子里玩。不喜欢在院子里了，就带着小雅去屋里玩，把玩具都堆到地上，喜欢什么玩什么。爷爷奶奶甚至没时间做饭，一直陪着小雅玩。

其实这种做法是不对的，这样做，孩子累，大人也累，偶尔一天没什么关系，时间久了，对孩子的成长是不利的。小宏妈妈的做法就很好，值得大家学习。

> 小宏今年3岁了，爸爸工作忙，所以大部分时间是妈妈带着他。这天，小宏在客厅拼完积木就黏着妈妈跟他一起玩。但是妈妈要做饭没有时间陪他玩。
>
> 妈妈对小宏说："小宏，你是不是在搭建积木呀？你搭的是什么呢？我不知道积木居然可以搭出来这么漂亮的东西呀！"
>
> 小宏有了兴趣，开始给妈妈介绍自己搭建的东西："这是一座房子，这是一辆小汽车，旁边是一只小狗狗……"
>
> "这是谁的房子呀，怎么这么漂亮呢？"
>
> "这是我的房子，我想开着小汽车带着小狗狗出去玩……"
>
> "我要建设一条马路，一会儿开着小汽车，带着小狗出去玩。"小宏回到积木桌旁边，继续玩起来。

小宏妈妈的做法很对，小宏在妈妈的引导下产生了新的想法，然后自己继续去搭积木了。其实孩子并不是不能自己玩，如果他们能在游戏中找到乐趣，他们会玩得很开心，会把自己融入游戏中，积极发挥自己的想象力和创造力，促进自我的发展。

所以父母不要一见到孩子自言自语就大声训斥，或是强制捂上孩子的嘴巴。让他们有一个独立思考、独自扮演角色的机会。允许孩子自娱自乐，这其实是孩子心理对话的一种方式。当他们觉得无聊，找父母求助的时候，父母也不要没有耐心，而应该好好引导，让孩子逐渐养成思考的习惯。

但如果父母发现孩子除了自言自语外从不和周围人交流，只一味地沉浸在自己的世界中，而且语言逻辑混乱，那就需要引起高度注意了，必要的时候需要去专业机构做进一步检查，防止患上孤独症。

掩耳盗铃式的躲猫猫游戏

几乎没有人小时候没有玩过躲猫猫游戏，也没有孩子不喜欢玩躲猫猫游戏。无论是七八个月大的小婴儿，还是两三岁的小朋友，都十分享受和大人玩躲猫猫游戏，而且乐此不疲。为什么孩子对躲猫猫游戏百玩不厌呢？虽然躲猫猫游戏在不同年代和地域，名字各有不同，但游戏的目的都是一样的。

小橙子今年3岁了，最喜欢玩的游戏就是躲猫猫。每天晚上他总是缠着爸爸或者妈妈陪他玩躲猫猫游戏。但奇怪的是，每次他都喜欢自己藏，而不喜欢找妈妈或者找爸爸。

每次玩躲猫猫游戏，小橙子都躲在窗帘后面，不是发出声响，就是露出一只小脚丫，生怕爸爸妈妈找不到他。

有一次，妈妈故意装作找不到他，结果没过两分钟，就听到小橙子在卧室里面喊："妈妈、妈妈，我在哪儿呀？你快来找我呀，我没有在窗帘那里哟，你快看看我在什么地方吧！"实际上，他就躲在窗帘的后面。

终于明白了，小橙子跟妈妈玩躲猫猫游戏，实际上是既想藏起来，又怕藏得太隐蔽，妈妈找不到他呀！

孩子都喜欢玩躲猫猫游戏。更有意思的是，当父母找不到他们的时候，他们会跟小橙子一样，大声喊："我在这里呢，快点儿来找我呀！"当父母努力去找他们的时候，他们可能会提前跳出来，或者发出声响，好让父母快点儿找到他们。

→ "去自我中心化"的影响

对于孩子而言，他们玩躲猫猫游戏的乐趣在于，他们希望被找到。孩子在玩躲猫猫游戏的时候，如果等不及会跳出来，或者大声呼唤"我在这里"，可以说他们还没有完全理解躲猫猫游戏的精髓之处，他们是掩耳盗铃式的躲猫猫。

→ "自我中心性"的影响

瑞士著名心理儿童学家皮亚杰也做过一个类似的实验，叫作"三山实验"。实验使用了一个三座山的模型，每座山的高度、尺寸和颜色均有所区别。实验要求儿童从四个不同的方向观察模型，然后儿童坐在模型对面，并放置一个玩偶在模型的对侧。儿童需要从四幅图中选出一张代表玩偶视角下的山的景象。

研究发现，年幼的孩子无法正确执行此任务，他们仅能从自己的视角描述模型。只有7岁以上的孩子才能够选择出跟自己位置不同的人所看到的不同场景的图片。

将这个实验的原理运用到孩子躲猫猫游戏中来讲，孩子藏起来后，哪怕是他只蒙上自己的眼睛，他也会认为别人看不到外面的东西。就像故事中的小橙子一样，他藏到窗帘后面，他所能看到的只有窗帘后面这个空间，他会认为，妈妈所能看到的也只有这个空间，所以妈妈看不到他，也找不到他。

→ 他渴望被找到

对于孩子来说，他们所喜欢的不是爸爸妈妈找不到他们，而是爸爸妈妈找到他们的那一瞬间的神态变化。大部分父母在跟孩子玩躲猫猫游戏的时候，当找到孩子时，会表露出惊喜、惊讶的神态，孩子也会模仿爸爸妈妈的神态，并对这种情绪有更加深入的感触。

所以就有了像小橙子那样的掩耳盗铃式的躲猫猫游戏，孩子刚刚藏好，就会大声说："我藏好了，快来找我啊！"如果你很久没有找到他，他还会提示你："我没有藏在窗帘后面，不信你去看看。"用这种方式来告诉你，他其实就在窗帘后面。如果这个时候，父母找到他们的时候故作惊讶，他们就会非常开心，并且有成就感。

→ 童真的想法不应被抹杀

一些父母在跟孩子玩躲猫猫游戏时会过于重视游戏的规则和方法。比如，当孩子藏到窗帘后面被找到的时候，妈妈会跟他说："上次你就是藏在这儿，这次还藏在这里，太容易找到了！"在孩子说"我藏好了"的时候，妈妈会提醒："你这么说，那我不就发现你了？"还有妈妈故意找不到孩子而孩子自己走出来时，妈妈会说："你这样做是不对的，躲猫猫就是为了让别人找不到。"

其实，掩耳盗铃式的躲猫猫游戏是孩子的一个童真的想法，父母需要做的就是保护这份童真，不要戳穿他，也不要告诉他，究竟怎么样才能藏得更好。父母在这个时候不妨跟孩子来一场掩耳盗铃式的躲猫猫游戏，配合孩子，将童真进行到底。在找到孩子的时候，配合孩子的表演，露出惊讶的表情，这对孩子的身心发展无疑是有利的。

→ 孩子玩躲猫猫的好处

① 让孩子和父母更加亲近

0—2周岁的婴幼儿会表现出对他们所处周围环境的极大好奇心和强烈的探索欲望。与此同时，他们天生具有一种害怕被遗弃的感觉，这种感觉主要体现在他们对与母亲分离的强烈恐惧上。当婴幼儿与父母一起玩躲猫猫游戏时，他们会领悟到一个关键的理念：当他们向父母发出声音时，父母会通过发出声音和采取行动进行回应。这种互动不仅能激发婴幼儿的表达欲望，还能帮助他们在逐步建立起对外部世界的认知过程中，形成一种对环境的控制感。

② 缓解孩子的分离焦虑

躲猫猫游戏可以实现短暂和父母分开，即使时间很短。父母在陪着孩子玩躲猫猫游戏时，可以尝试多延长一些找的时间，让孩子从中慢慢体会到"即便现在看不到妈妈，一会儿还是可以找到的"。这样有利于孩子缓解和父母分开时的焦虑。

③ 培养孩子的控制能力和规则意识

躲猫猫游戏能帮助孩子学习重要的生活技能，对于年纪较小的孩子来说，他们的自控能力还在发展中，所以当父母假装看不到他们时，他们往往控制不住好奇心和兴奋感，会忍不住跑出来看发生了什么。但随着年龄的增长，孩子能更好地控制自己的行为，能在游戏中藏得更久，这说明孩子的自控能力得到了提升。

在玩躲猫猫游戏的过程中还有一些规则需要孩子遵守。比如，"找的人"

需要闭上眼睛数数，其间不能偷看，要等到数完后才能开始找人。"藏的人"则需要找到一个藏身之处，并且要在那里静静地待着，直到被找到。通过反复玩躲猫猫的游戏，孩子可以逐渐培养自己的耐心。

→ 躲猫猫游戏的注意事项

在玩躲猫猫游戏时，孩子需要短暂离开父母的视线，父母一定要注意孩子的安全，尽量在室内玩，室外空间太大，难以保障孩子的绝对安全。在玩游戏之前，父母要告诉孩子，不要着急，找地方藏的时候要注意安全，防止摔倒或者碰到尖锐物品等。

"十万个为什么"

相信很多家庭会有《十万个为什么》这套书籍，每对父母也经历过孩子问不完"为什么"的阶段，这个阶段一般发生在孩子 3 岁左右的时候，此时正是孩子好奇心强、思维活跃的阶段，他们对外界的任何东西都好奇，而且凡事喜欢追着父母问个"为什么"，父母此时千万不要说"你好烦啊，什么都问个为什么，哪有那么多的为什么"之类的话，因为这样会打击孩子的好奇心和他们积极探索世界的欲望。

小豆子今年 4 岁，"不知道从什么时候开始，他成了'问题专家'。"小豆子的妈妈说。

有一次，吃完晚饭，妈妈要带小豆子去楼下散步，小豆子就问妈妈："为什么我们要去楼下散步呢？"

"因为我们要锻炼身体呀，这样宝贝才能长得壮壮的。"

"那为什么我要长得壮壮的呢？"

"因为这样宝贝就不容易生病了。"

"为什么出去的时候要穿更多的衣服？"

"因为不多穿衣服容易着凉，着凉就容易生病。"

"为什么要穿鞋子呢？"

"因为穿鞋子可以保护我们的脚丫不被外面的小石子划伤。"

终于下楼了，可刚出电梯没一会儿，小豆子又打开了话匣子。

"为什么晚上就没有太阳了呢？"

"太阳大地球小，地球绕着太阳跑。之所以晚上看不见太阳，那是因为地球在围绕太阳公转的同时还在自转，当地球自转到背离太阳一面的时候，就看不见太阳了，这个时候就是晚上了。"

"为什么晚上就冷了呢？"

"因为晚上气温低。"

"为什么晚上气温就会低，为什么气温低了就会冷呢？"

妈妈开始不耐烦了，而且小豆子的问题，妈妈也不知道答案了。所以只能敷衍地对小豆子说："这个问题，等你长大就知道了。"

"可是，妈妈，我什么时候才能长大呢？"

……

这件事情之后，妈妈买了一套《十万个为什么》。现在妈妈已经被小豆子问出阴影了，生怕再碰到她回答不出来的问题。

孩子在 3 岁之后，好奇心会逐渐增强，思维也逐渐变得活跃起来，对认知这个世界的欲望也会随之增强。其实，孩子的好奇心是一种天赋，也是他们认知世界的途径。父母在孩子刚开始问的时候，还能耐着性子解答，但随着问题越来越多、越来越天马行空，会越来越崩溃，直至完全招架不住他们打破砂锅问到底的劲头。

希希妈妈的朋友送给她一个漂亮的洋娃娃，回家后，希希看到这个洋娃娃非常喜欢，妈妈告诉她是阿姨送的，然后希希就打开了话匣子。

希希问："阿姨为什么送我啊？"

妈妈说："因为阿姨喜欢你啊。"

希希问："阿姨为什么喜欢我啊？"

妈妈说："因为你长得可爱啊。"

希希问："我为什么长得可爱啊？"

……

很多父母面对这些问题时会无语又无奈，最后要么回答不出来，干脆随便说一个答案；要么直接制止孩子，不让他再问下去了。

父母这种做法无疑是在破坏孩子的好奇心。孩子不断地问"为什么"是孩子求知欲旺盛的表现。这个时候如果父母不能耐心地解答孩子的问题，或者随便搪塞过去，孩子会意识到自己问问题是错误的，以后再有不明白的也不敢问了。这对孩子的成长是极为不利的。

→ 对孩子的不理睬会伤害孩子

当孩子出现问"十万个为什么"的时候,无论是多么简单的问题,或者多么难解答的问题,父母都要耐心地为孩子解答。尤其是"你烦不烦,哪有这么多为什么?""你长大就知道了"这类回答,千万不要对孩子说,这样会伤害孩子的自尊心。

孩子问"为什么"是他们在探索世界。因此,当遇到孩子问"为什么"的时候,父母应耐心解答,不要不理睬,也不要想什么办法应付过去。如果遇到不懂的问题,可以和孩子一起找寻答案,并且告诉孩子:"这个问题爸爸也不知道,咱们一起去找答案吧!"这样不仅可以得到答案,还可以增进亲子关系。

→ 用孩子懂得的语言来解答孩子的问题

孩子的理解能力是有限的,父母要学会在回答他们的问题时,用他们能听得懂的语言。比如,孩子问爸爸妈妈"我是从哪里来的"时,用成人的语言回答就是:"你是精子和卵子结合后,妈妈把你生下来的。"但这个答案,孩子听不懂,就会问到"什么是精子,什么是卵子,为什么结合,怎么结合"等各种问题。如果用孩子的语言来回答就是:"爸爸在妈妈的肚子里面放了一颗种子,妈妈把它养育了10个月,然后就生出你来啦。"这样解答,孩子就会解开自己的困惑了。

又如,吃饭之前,父母总是告诉孩子要把正在玩的玩具收拾好,这个时候孩子总是问:"吃完饭之后还要玩呢,现在为什么要收拾呢?"

这个时候,父母可以实事求是地给孩子讲清楚:"如果不收拾玩具,吃饭的时候你可能会一直想着玩具,没办法好好吃饭。这样不但会吃得很慢,还可能会弄得很乱,对不对?"

孩子可能会想到之前没有收拾玩具就吃饭的场景，自然会明白为什么吃饭之前要收拾玩具了。

→ 和孩子一起找答案

父母常常希望能回答孩子的所有问题，成为他们心中的"百科全书"。然而，知识的海洋浩瀚无穷，而孩子的问题层出不穷，难免会有父母答不上来的时候。这其实并没有什么可丢脸的。父母正好可以趁此机会和孩子一起找答案。

年纪较小的宝宝，好奇心很强，但理解能力和解决问题的能力还不够强。这个时候，父母可以选择和他们一起找答案。这样不仅能满足他们的好奇心，还能在找答案的过程中增进亲子关系。比如，当宝宝问："为什么天空是蓝色的？"你可以回答："这个问题很有趣，妈妈也想知道。我们一起来找找答案，好吗？"你可以和孩子一起查找《儿童百科全书》，或者上网查找适合他们年龄段的解答视频。在这个过程中，你可以简单地解释光的折射原理，让孩子在探索中感受到乐趣和获得成就感。孩子通过跟着父母找答案，还会意识到，自己是父母的"小助手"，更能激发亲子间的互动，体验共同探索的乐趣。

→ "童言无忌"，孩子问到忌讳的事情要淡定

孩子并不知道什么该问，什么不该问，也不懂人情世故，不清楚说话要分场合。孩子的语言常常幽默生动，能让人捧腹大笑，但有时他们也会说出让大人尴尬或不安的问题，如"爸爸，你什么时候死啊？"或"等你死了，这些东西给谁呀？"。面对这些问题，父母应以正确的态度处理，既不生气也不急躁，耐心地回答他们。

孩子：爸爸，你什么时候死啊？

爸爸：宝贝，死亡是每个人生命的一部分，但爸爸现在很健康，还会陪

你很久很久。你不用担心这些问题，现在我们可以一起享受每一天，好吗？

孩子：哦，那等你死了，这些东西给谁呀？

爸爸：当爸爸不在了，不能再陪你时，这些东西会留给你和家人。但现在，我们更应该关注如何一起度过快乐的时光，好吗？

孩子：但爸爸如果现在死了，你的电脑就归我了。

爸爸：……

面对孩子提出的忌讳问题，父母要保持淡定和耐心，用孩子能理解的语言进行解释。如果在遇到这些问题时，父母吓唬或者斥责孩子，孩子也会一头雾水，因为他并不清楚"什么问题不能问"。

扼杀孩子爱问问题的精神很容易，一次严厉的斥责就够，但是重新激发孩子爱问问题的精神，就难上加难了。

孩子老是玩弄自己的生殖器

> 有的男孩子时常用手玩弄阴茎；
>
> 有的女孩子时常伸手去摸外阴；
>
> 有的孩子会在突出的家具棱角上摩擦生殖器部位；
>
> ……

有一位妈妈说，她3岁的儿子最近经常用手抚摸自己的私处，走路也要摸，吃饭也要摸，上厕所也要摸着，有一次把生殖器摸硬了，就像发现了新大陆一样，跟妈妈说："妈妈，我的小鸡鸡硬了，怎么回事呀？它会不会断啊？"妈妈听到孩子说的话，非常尴尬，尤其是当着外人面的时候，经常会遇到类似的情况。遇到这种情况，父母到底应不应该制止？有时候，父母越制止，孩子摸得越起劲儿。有时候，训斥了孩子，孩子不当着父母面摸了，等没人的时候，还是会偷偷地摸起来……真是让人头大。

有一份针对父母的调查显示：9.49%的父母认为自己能够完全胜任孩子的性教育，80.84%的父母认为自己可以做到一部分，9.67%的父母认为自己几乎无法胜任孩子的性教育。38.40%的父母认为自己没有对孩子进行性教育的知识储备，38.22%的父母不知道如何开口和孩子谈性，65.52%的父母不知道如何把握和孩子谈性的度。

确实如此，很多父母很愁这件事情，性教育到底应该如何给孩子讲。讲得早了怕影响孩子，讲得晚了又怕没作用。

其实人的性心理并不是到青春期才出现的，是从很小的时候就开始萌芽了。无论是男孩还是女孩，都会出现像抚摸或玩弄生殖器的行为。但是他们刚开始的时候，并没有意识到自己在触摸生殖器，只是觉得这样很有安全感。

弗洛伊德的性学说指出，0—4岁的孩子都有"自体性欲满足"的倾向。幼儿时期抚摸生殖器的现象，其实只是孩子在追求身体方面的快感，并不是孩子的"性早熟"。所以说，孩子摸私处是正常的，不摸私处也是正常的。

→ 缺乏陪伴和关注

孩子玩弄生殖器，其实是正常的心理行为。性欲和食欲都是人类的基本生理本能。孩子出生之后只有食欲，但随着年龄的增长，他们开始探索自己的身体，好奇自己的眼睛、鼻子、耳朵以及自己的生殖器官。他们通过玩弄生殖器，会产生与其他部位不一样的快感，所以他们更加喜欢玩弄生殖器。

年幼孩子在心智上没有太多的方法可以缓解自己的忧虑。当自己孤独的时候或者缺乏家人陪伴的时候，就会想起自己曾经玩弄生殖器获得的快感，并用此来缓解自己情感上的缺失。

→ 发现孩子玩弄生殖器怎么办？

小龙3岁了，我经常听到他奶奶在楼下训斥他的声音。有一次碰到小龙奶奶，小龙在旁边站着，扯着衣角，奶奶又在训斥他。我询问后奶奶告诉我："他的手根本不闲着，一下看不到就伸到裤裆里面了。""打也记不住，真是不知道该怎么办了。"

婴幼儿玩弄生殖器，并不会给孩子带来疼痛或者器质性的损伤。就跟孩子出去玩一样，可能会不小心摔倒，但不会故意让自己受伤。玩弄生殖器也是一样的，他们心里是有谱的。这个阶段的孩子玩弄生殖器的行为，跟他们的品行道德没有关系，他们做出这种行为的目的并不是出于性需求。因为孩子很小，也没有第二性征出现，不会通过玩弄生殖器达到高潮，也就不会出现肾亏的现象。

→ 玩弄生殖器的行为什么时候"结束"？

孩子在0—6岁的成长过程中，父母会逐渐把社会道德和行为标准灌输给他们。孩子也会逐渐建立起自己的道德感、羞耻心和审美观念等。人类对性的发展从6岁开始进入潜伏期，一直到青春期，性发展逐渐开始，达到生殖器占统治地位的性发展高峰。所以说，基本到六七岁的时候，绝大多数孩子玩弄生殖器的行为就没有了。

→ 父母应当正确引导孩子

面对孩子婴幼儿时期玩弄生殖器的行为，父母的反应会对孩子的成长和发展产生重要影响，所以父母要摆正自己的态度，运用技巧和智慧正确地引导孩子。

① 不要吓唬也不要打骂

父母对孩子玩弄生殖器的责骂和惩罚，往往会让孩子感到恐惧和不安，同时会激发他们更强的好奇心。孩子在这种情况下可能变得敏感、自卑，甚至形成胆小孤僻的性格。粗暴的打骂不仅会激发孩子的反抗心理，还会给孩子留下负面的心理影响，造成长远的消极后果。

当发现孩子有玩弄生殖器的行为时，父母最好不要直接制止，而是通过转移注意力的方式，如和孩子一起玩游戏、读有趣的绘本，让他们没有机会继续这种行为。家长越是淡定处理，孩子越对这件事不感兴趣。简单粗暴的干预只会适得其反，导致孩子频繁重复这种行为，并对未来的性表现产生不良影响。

❷ 不要让孩子孤独，发展他们的兴趣和爱好

当孩子感到无聊时，可能会将注意力放在玩弄生殖器上。为了防止这种情况发生，父母应该积极引导孩子参与社交活动，鼓励他们与同伴一起玩耍，参加各种集体游戏。父母可以有意识地培养孩子的兴趣爱好，让他们的生活更加丰富多彩。比如，父母可以引导孩子进行绘画、跳舞、唱歌等活动，这些能有效地占据孩子的时间和精力。当孩子对这些活动产生兴趣并全心投入时，自然就不会再去玩弄生殖器了。让孩子找到他们喜欢的事情，不仅能发展他们的技能，还能提升他们的自信心和社交能力，使他们在充实的生活中健康成长。

❸ 养成良好的作息习惯

有些父母注意到，孩子通常会在睡觉前和刚醒来时玩弄生殖器。因此，父母可以采取一些措施来减少这种情况的发生。比如，不要让孩子在没有困意的情况下上床睡觉，等到孩子感觉到困了，再让他们上床睡觉，这样可以减少他们在床上无聊时玩弄生殖器的机会。

早晨孩子醒来后，不要让他们长时间在被窝里逗留。父母可以规划一个起床的日常流程，如一起做简单的晨练，或者让孩子参与准备早餐。通过这些活动，可以减少孩子在床上玩耍的时间。

父母也可以为孩子创造一个舒适且有规律的睡眠环境，确保孩子在睡前有一个放松的例行程序，如听故事、聊天或做一些简单的放松活动。这有助于孩子更快地入睡，并减少在床上的空闲时间。

❹ 避免拿生殖器跟孩子开玩笑

一些大人喜欢趁孩子不注意把他裤子拉下来跟孩子开玩笑。孩子在观察大人的行为后，往往会模仿，进而开始玩弄自己的生殖器。一些家庭可能存在重男轻女的观念，男孩出生后，亲朋好友喜欢围着他逗弄，时间久了，孩子会感受到大家对他生殖器的关注和喜爱，继而主动去玩弄。

所以，父母一定要尽量避开那些喜欢拿孩子生殖器开玩笑的朋友，可以选择合适的时机，礼貌但坚定地表达自己的请求，或者直接把孩子带离那个环境。这样做不仅保护了孩子，还潜移默化地传递了正确的行为规范。

随着孩子的长大，父母可以向他们讲解一些基本的生理知识，用简单、明了的语言，让孩子了解他们的身体。孩子不仅能获得正确的知识，还能感受到来自父母的关爱和尊重。建立起这种良性的沟通，有助于孩子在安全、自由的环境中成长，从而减少对生殖器的过度关注和不恰当行为。

角色扮演"过家家"

2—3岁的孩子大多喜欢一种角色扮演类游戏——"过家家"。这其实是孩子心理发展过程中的一个正常阶段。孩子通过扮演各种角色,模仿成人的行为和言语,来理解和体验周围的世界。他们可能会假装自己是爸爸妈妈、医生或者老师,这不仅能让他们感到快乐,还能促进他们语言、社交和认知能力的发展。

小区里有一个活动广场,每周末几个小朋友会聚集在一起,玩他们最喜欢的游戏——"过家家"。今天,小明、小丽、乐乐和婷婷分配好了角色:小明扮演爸爸,小丽扮演妈妈,乐乐扮演医生,婷婷则扮演宝宝。

"小明爸爸"一回到"家",就坐在"小丽妈妈"用石块和木板搭成的"沙发"上,手里捧着一本旧杂志看起来。

"小丽妈妈"则忙碌起来,她在用树枝和树叶搭成的"厨房"里"煮饭",假装在锅里搅拌着食物,不时还会向"宝宝婷婷"嘱咐几句:"宝宝乖,等下就可以吃饭了。"

这个时候"乐乐医生"戴着一个玩具听诊器,穿着一件大人的白色衬衫当医生的白大褂,敲门进来了。"乐乐医生"走到"宝宝婷婷"身边,细心地检查起来,"宝宝婷婷"乖乖地坐着,装作被检查的样子。"乐乐医生"微笑着说:"宝宝很健康,不过要多喝水哦!"听到这话,大家都开心地笑了起来。

饭菜"做好"了,"小丽妈妈"端上"桌子",这"桌子"其实是几块平整的石头搭成的。"一家人"围坐在一起,"小明爸爸"拿起"筷子","小丽妈妈"开始"分饭","宝宝婷婷"则开心地拍手叫好。"饭菜"的香味仿佛真的弥漫在空气中,每个人都那么满足和幸福。

  他们玩得很开心,笑声回荡在小区的角落。阳光透过树叶的缝隙洒在他们的脸上,映照出一张张灿烂的笑脸。

  看到孩子玩这种角色扮演小游戏,父母会忍俊不禁,这种游戏到底是有什么魔力呢?这个年龄段的孩子几乎没有不喜欢玩的。其实,"过家家"游戏是儿童象征类游戏的一种。象征类游戏就是使用替代物来代表真实事物的游戏。简单来说,就是小朋友用想象力和身边的东西,模仿和再现他们在现实生活中看到或体验到的场景。举例子来说:

03 / 探索未知——孩子"好奇"的快乐

> 用玩具手机代替真手机，一本正经地打电话。
>
> 用玩具积木当作食物，在"厨房"里假装做饭。
>
> 用布娃娃当作小婴儿，照顾"它"。
>
> 戴上面具，假装是奥特曼，说："你相信光吗？"
>
> ……

→ **为什么孩子喜欢玩"过家家"游戏？**

"过家家"游戏其实是孩子真实生活中的一部分。虽然父母看到孩子玩"过家家"游戏时，总觉得这就是一种虚拟的活动，想不通为什么孩子这么喜欢，但实际上，对于孩子而言，"过家家"游戏中的"锅""铲子"和家里厨房里的厨具很像，他们扮演的"爸爸""妈妈""医生""老师"等，都是他们日常生活中见到的。

在孩子的眼里,"过家家"并不是一种游戏,而是他们生活中的一部分,是满足他们能和成年人一样工作和生活的方式。在"过家家"游戏中,虽然他们嘴里说的是幼稚的童言童语,但是他们也在这个游戏中锻炼了自己的语言表达能力、社交能力和认知能力。比如,在医生和病人的扮演游戏中,他们知道生病了要吃药,要多喝水;在老师和学生的扮演游戏中,他们知道学生要好好学习,老师讲课的时候不要说话等。在跟其他小朋友一起玩的时候,不可避免地会出现争执和矛盾,他们可以潜移默化地学习如何解决问题、化解矛盾。

"过家家"游戏也满足了孩子"支配"的内在需要。在"过家家"游戏中,孩子需要统筹这个游戏的具体环节,不可避免地会"支配"和"被支配"。在游戏中,孩子可以让父母和其他小朋友按照自己的想法来模拟生活中的场景。这种支配的愉悦感能让孩子体验到自己在掌控一个微型世界的乐趣。在游戏中,孩子不仅可以塑造和改变周围的环境,还能决定故事的走向和结局。这种愉悦的体验感让孩子感到他们自己有无限的可能性。他们不仅能够探索和理解现实世界,还能在其中自由发挥自己的创造力和想象力。

"过家家"游戏还满足了孩子探索世界的需求。孩子可以通过这个游戏模拟成年人的活动,如厨房里妈妈炒菜的场景、医生看病的场景、老师教学的场景等。他们通过自己的双手按照自己的理解刻画出一个自己看到的世界,这就是玩"过家家"游戏的意义。

→ 父母怎样陪孩子玩"过家家"游戏？

"过家家"游戏可以满足孩子对这个世界探索的欲望，父母可以主动参与其中。

大部分父母可能认为这个游戏太幼稚了，但如果父母积极参与到游戏中，可以引导孩子学到很多有用的东西。比如，在游戏中，妈妈可以充当孩子，让孩子当妈妈；或者孩子当老师，父母当学生；等等。父母只有融入孩子的生活中，才能获得更好的教育孩子的机会。

父母可以引导孩子玩一些高质量的"过家家"游戏，如让孩子扮演牙科医生，自己扮演病人。这时，父母就可以给"医生"讲自己的牙齿是怎么坏的，然后引导"医生"给自己看病，讨论牙齿为什么会坏掉，应该怎样注意不让牙齿坏掉。孩子通过玩游戏就知道要好好保护自己的牙齿，也明白该怎样保护自己的牙齿了。

父母在跟孩子玩"过家家"游戏时，要让孩子当主角，自己当配角。孩子充当游戏的主角，更能锻炼他们的想象力。父母只需要配合和适当引导就可以了。在孩子不知道怎么玩的时候，父母可以适当给他们一些提示，引导他们继续玩下去。

> 小明和妈妈一起在客厅玩"过家家"游戏，小明扮演的是一家餐厅的老板，妈妈则扮演一个需要用餐的顾客。
>
> 小明开始时非常兴奋，布置好了餐厅，还给玩具娃娃安排了座位。他用玩具食物招待妈妈，准备了汉堡、薯条和果汁。妈妈很配合地扮演了顾客，夸奖了小明的餐厅。然而，玩到一半，小明有些不知道该怎么继续了。他停下来，皱着眉头看着妈妈。
>
> 妈妈微笑着说："小明，你的餐厅真棒，是不是应该回馈一下顾客呢？告诉顾客今天下午两点到四点有特别优惠活动，你觉得怎么样啊？"
>
> 小明眼睛一亮，重新有了兴趣："好主意！我现在就去告诉顾客！"
>
> 他走到玩具娃娃前，开始热情地介绍餐厅的特卖活动："大家注意啦，今天下午两点到四点，我们餐厅有特别优惠活动！所有食物都打八折！"
>
> 妈妈继续配合，惊讶地说道："真的吗？那我一定要再点一些美味的食物！"
>
> 小明接着在"餐厅"里忙碌起来，为顾客准备新的菜品，并在活动期间推出了新的甜点。小明来了精神，兴冲冲地开始继续做饭。

儿童心理学家皮亚杰说，儿童的思维依赖兴趣与活动，而不是兴趣与活动依赖思维。"过家家"游戏是孩子在适当的年龄表现出来的特有的兴趣和行为。孩子在游戏中的各种模仿、扮演等，能反映他们对这个世界的认知和想象，提高他们的各种能力。所以说，从来没有玩过"过家家"游戏，对孩子来说不仅是一种遗憾，更是一种吃亏。

→ 玩"过家家"游戏会不会让孩子分不清虚拟和现实呢？

孩子在玩"过家家"游戏时，可以暂时摆脱现实世界的束缚，进入由他们自己想象力构建的世界中，所以父母可能会担忧，孩子天天玩这种"过家家"

游戏，会不会导致他们区分不出现实和虚拟的世界，从而迷失自我，引发严重的问题呢？

> 小辉非常喜欢跟妈妈玩厨房做饭的"过家家"游戏，所以小辉妈妈给他买了"小小厨房"的玩具，里面有塑料的电磁炉，装上电池，可以模拟电磁炉的声响。有一天，爷爷来看小辉，正好碰上小辉在玩模拟厨房。这时妈妈说："小辉，爷爷来了，你给爷爷做什么好吃的呀？"小辉说："我给爷爷做土豆炒肉。"于是，小辉在自己的"小厨房"忙碌着，不一会儿，端来一盘"土豆炒肉"递给爷爷，说："爷爷，快吃吧！"爷爷用"筷子"夹起里面的"肉"往嘴里送，小辉急忙拦住爷爷，说道："这是假的，你怎么能真的吃呢？"

由此可以看出，孩子是可以分清楚现实和虚拟世界的，在幻想过于逼真的时候，他们是有能力回到现实中的，父母不必对孩子玩"过家家"游戏过度担心。

04

你好世界
——孩子与社会的第一次接触

孩子第一次融入集体生活，面对全新的社会环境，总会有各种各样的反应和挑战。他们可能因为离开熟悉的家去幼儿园而哭泣，或者因为早上不愿意起床而表现出对新环境的抵触。他们把不是自己的东西拿回家，可能只是因为还不明白所有权的概念。他们之间打架，是他们在学习如何处理冲突，而不合群并不代表性格缺陷，只是他们需要时间来适应新的社交环境。

　　有时候，孩子会表现出嫉妒心，这是他们对自己和他人关系的初步探索。有时候，孩子不爱和老师说话，是因为他们还没有建立起对老师的足够信任。孩子的"玻璃心"和强烈的胜负欲，是他们在竞争和合作中逐渐理解自我价值的一种表现。面对被起外号的苦恼，是他们在学习如何应对社交挫折。

　　理解孩子初次融入社会时的种种反应，能够更好地帮助他们建立自信和增强适应能力。通过了解这些"重要的小事"，父母不仅能更好地帮助孩子应对初次融入社会的挑战，还能在每一个关键时刻提供有力支持。每一次社交互动，都是孩子学习和成长的重要一环。

一上幼儿园就哭

新学期伊始，幼儿园门前常见的场景是孩子与父母的依依惜别。对于刚开始幼儿园生活的孩子来说，这是他们独自踏入社会的第一步。面对全新的环境，一些孩子会表现出哭闹、不愿与人交往等问题，这些都是面对陌生环境时产生的心理焦虑的反应。事实上，孩子初次入园时的哭闹是很常见的情况，甚至是一种必然经历，也是对孩子和父母的一种考验。

米粒今年3岁了，要上幼儿园了。上幼儿园之前，米粒的爸爸和妈妈就为米粒做了各种心理铺垫和建设，告诉她："宝宝要上幼儿园了，好开心呀。""幼儿园有好多好玩的玩具。""幼儿园都是和你差不多大的小朋友，你们可以一起玩。"

终于要送米粒去幼儿园了，到幼儿园门口，米粒的妈妈说："宝贝，自己去幼儿园，乖乖上学，可以吗？"

"可以的，妈妈，没问题。"米粒开心地走进幼儿园。

"张老师好，我叫米粒！"米粒开心地跟老师打招呼。

"米粒，你好！跟爸爸妈妈说再见吧。"张老师说。

"爸爸妈妈再见。"米粒开心地跟爸爸妈妈说。

"米粒再见。"妈妈感觉自己之前的担心是多余的。

刚转过身去，米粒的爸爸妈妈就听到米粒的哭声传过来了："妈妈，我不要去幼儿园，我想回家！我要回家！"

号啕大哭！声泪俱下！一把眼泪一把鼻涕！米粒的爸爸妈妈瞬间意识到，之前的工作白做了，给她好话说了一箩筐，但是没任何用。人家自顾自地哭，完全不关心之前怎么说的，也不关心现在怎么说的。

上课时间快到了，门口的老师熟练地引导爸爸妈妈和米粒告别，然后牵着米粒的手走进了幼儿园。

米粒一步三回头，眼角挂着大颗的泪珠，小嘴微微抽动，眼神让人心碎。

看着米粒走进教室，米粒的爸爸妈妈终于松了一口气，默默地往回走。

坐进车里，突然之间，车内变得异常安静，连空气似乎都凝固了。

04 / 你好世界——孩子与社会的第一次接触

　　每到开学季，幼儿园小班的教室里，总是充满孩子的哭声。一个接一个的小朋友哭得声嘶力竭。有的坐着哭，有的躺着哭，有的边跑边哭，整个场景仿佛一部"情感大剧"的现场。孩子上幼儿园就哭，相信是每对父母都经历过的名场面。这其实是一种正常的现象。

　　对孩子而言，去幼儿园意味着他们要离开熟悉的环境和熟悉的家人，去过有老师和同学的集体生活。这对于不熟悉幼儿园、老师、其他小朋友等的孩子来说，心理上难免会不适应，甚至出现焦虑情绪。其实，焦虑不止出现在孩子身上，很多父母也会出现焦虑情绪，尤其是看到一上幼儿园就哭的"宝贝疙瘩"，甚至想干脆不让孩子上幼儿园了。

　　从孩子成长和发展的角度来讲，孩子是需要上幼儿园的。幼儿园是孩子早期教育中不可缺少的一环。幼儿园的教育任务是启蒙，而不是给孩子灌输各种零碎的简单知识。启蒙教育只有是自由的、快乐的，孩子潜在的各种能力才能被激发出来。在幼儿园里，孩子不仅要跟老师接触，还要跟不同性格的小朋友接触，与他们一起玩耍、社交、分享和合作。同时幼儿园还可以培养孩子的自理能力，这些都是孩子在家里学不到的。如果孩子没有经历过幼儿园这个过程，可能会在今后的人际交往、身心发育等方面受到不同程度的影响。

→ 孩子为什么一上幼儿园就哭

孩子不愿上幼儿园，一去就哭，这其实是一种情绪的宣泄，是正常的现象。孩子认为在家里跟父母在一起比在幼儿园跟老师和同学在一起要好。

尽管幼儿园提供了和小朋友互动的机会，但同时会有一些规矩和限制。孩子一般不喜欢这些限制，因为在家里他们享有更多的自由。孩子刚去幼儿园时的哭闹是正常现象。适应能力较强的孩子可能在一周内就能适应新环境，而适应能力较弱的孩子可能需要 1—2 个月的时间。这是因为幼儿园对他们而言是一个陌生的环境，老师和同学也是陌生人，加上幼儿园各种规章制度的束缚，导致孩子的适应过程更加复杂。如果孩子连续上幼儿园超过三个月，依然表现出强烈的抗拒和哭闹情绪，那么就要找到孩子苦恼的原因，从而找到解决办法。

孩子一上幼儿园就哭的原因一般有以下几种。

1 分离焦虑

心理学家认为，孩子在刚入幼儿园时的哭泣，表面上看是因为胆怯或不愿意与父母分开，实际上背后可能隐藏着其他原因。例如，孩子尚未适应幼儿园的环境，存在分离焦虑，这种分离焦虑正是孩子缺乏安全感的体现。每天早上送孩子去幼儿园时，一些父母看起来很痛苦。孩子哭，父母也跟着掉眼泪，这样父母就把不好的情绪传递给孩子了，让孩子觉得父母很在乎他们的哭闹。通常来讲，孩子在哭的时候，不会只顾着哭，他们会边哭边看父母的反应。即使看起来哭得很厉害的孩子，也会用余光瞟父母。父母需要做的就是表现得和平时一样，不要对孩子的哭闹表现出太多关注。这样持续几天，孩子就会习惯上幼儿园。

2 幼儿园的生活和家里的有落差

孩子在幼儿园和在家里不一样，吃饭要排队，上厕所也要排队；拖鞋要放在规定的鞋架上，衣服要挂在衣架上；自己想玩什么玩具也要等着活动时间才能玩，而且不一定是自己一个人玩。这和在家里的情况不一样，孩子因不满于在幼儿园和在家里之间的落差，所以不想上幼儿园。

③ 孩子内心需要被爱护

现在大部分家庭是独生子女，一个孩子有一堆人宠着，爸爸妈妈、爷爷奶奶、外公外婆等围着一个孩子转。但是在幼儿园就完全不同了，刚刚入园的时候，老师会尽量关注每一个孩子或有特别需求的孩子，但是过一段时间之后，老师就不会过多地关注某一个孩子了，孩子内心可能会产生很大的失落感，渴望被爱护和关注。

④ 孩子在幼儿园没有朋友

有的孩子因为在家里以自我为中心惯了，不会体谅其他小朋友的感受，时间长了，往往缺乏交往的主动性。他认为，别的小朋友就应该来找他玩，结果便是自己越来越被孤立。一下课，其他小朋友在一起玩，他融入不到他们中，时间长了，他会感觉在幼儿园就是一种煎熬。

→ 孩子不适应幼儿园生活怎么办？

面对孩子不适应幼儿园生活，父母可以适当地做一些引导。

比如，送孩子去幼儿园的时候，如果孩子哭，可以跟他进行对话，如"宝贝，看看今天幼儿园做了什么好吃的啊？"如果看到其他小朋友在吃小肉包，父母可以说："今天幼儿园吃的是小肉包，你不是最喜欢吃小肉包吗？"孩子虽然还在哭，但眼睛已经注意到饭了。如果看到其他小朋友吃面包，父母可以说："面包上还有葡萄干呢，我们得赶紧进去，不然一会儿就没了。"这样就成功分散了孩子的注意力，然后再跟孩子说再见，告诉他下午谁会早早地来接他，给他一种期待，这样孩子对于分离的焦虑就没那么厉害了。

还有一种常用的方法。在去幼儿园之前，不让孩子选择是否去幼儿园，而是让他选择谁送他去。比如，如果父母都有时间送孩子，就让孩子选择由谁送。爸爸或妈妈可以问："今天是让爸爸送还是让妈妈送啊？"如果孩子选择爸爸，那么妈妈就要先跟孩子说再见，孩子也会说："妈妈再见。"这样，无论如何选择，他都要去幼儿园。

当然，如果孩子因为在幼儿园遇到一些社交问题，如和其他小朋友闹矛盾了，或者因为没有小朋友和他一起玩了，而不想去幼儿园，那么父母要跟老师及时沟通，耐心安慰孩子，并帮助孩子解决问题。

→ 培养孩子的自主能力

培养孩子的自主能力，可以让孩子更快更好地适应幼儿园的生活，减少因不适应引发的哭闹。比如，孩子自己去厕所、自己吃饭和穿脱衣物的能力非常重要。如果在家里父母代劳孩子的所有事情，虽然孩子得到了很好的照顾，但同时可能因为无法独立完成一些简单的任务而在幼儿园感到不适应。在幼儿园里，老师需要同时照顾很多孩子，很难做到每时每刻都关注每一个孩子的需求，这个时候就显露出孩子自主能力的重要性了。

在家里，无论孩子表现得多慢，都要给予孩子足够的时间和自由，让他们尽可能独立去完成。不要孩子一放学回家，就盯着孩子"快点吃饭""快点写作业""快点洗脸刷牙""快点睡觉，明天还上学呢"。在这种情况下，父母注重的只是"快点，再快点"，并没有给孩子时间让他们自主学习、自主洗脸刷牙、自主吃饭。就连系鞋带、整理书包等，有的父母都恨不得代劳。但实际上，这样做对孩子来说并没有好处。最终孩子会觉得自己什么事情都做不好，所以父母一定要培养孩子的自主能力，让孩子在尝试中获得对事物的认知，知道只有通过努力才能取得成果。这样遇到事情，孩子会更愿意主动去解决，在幼儿园也不会因为自己无法独立完成任务而焦虑了。

→ 最后要注意的事情

从哭哭啼啼到开心上学，每个孩子的适应过程各不相同，其中可能会经历反复的阶段。昨天还开开心心去幼儿园的孩子，今天突然就不愿意去了，这种情况在适应期内很常见。父母在面对这种情况时需要有充分的心理准备，不应过分焦虑。

孩子在适应幼儿园生活时，可能会因为新的环境、新的朋友和新的规则而感到不安。父母应给予孩子充分的爱和支持，让孩子感受到来自家庭的鼓励，即使孩子偶尔表现出不愿意上幼儿园的情绪，只要身体健康，父母应坚持送孩子去幼儿园，帮助他们建立规律的作息和稳定的生活习惯。

父母可以通过与老师的沟通，了解孩子在幼儿园的表现和适应情况，从而更好地帮助孩子度过适应期。父母还可以鼓励孩子分享一些他们在幼儿园的积极体验，如他们在幼儿园学到的新知识、新游戏或者交到的新朋友，帮助孩子逐渐对幼儿园生活产生兴趣和归属感。

早上不愿起床

可能大部分父母经历过孩子的"起床气"。周一到周五的早上，孩子会变成"起床困难户"，怎么叫也叫不起来。但一到周末，好不容易自己能睡个懒觉了，自家的"小神兽"却天不亮就起来了，在客厅里折腾，闹个不停，这到底是怎么回事？

> 在"起床气"的状态下，孩子的身心是非常难受的。父母应该及时发现孩子的"起床气"是什么原因引起的，是磨蹭，是焦虑上学，还是睡眠不足？要根据不同情况"对症下药"，改善孩子的"起床气"。

孩子在工作日的早上不愿意起床，往往是因为不想上学或者是没有休息好。到了周末的时候，当孩子放松了心理和睡眠的需求得到满足后，就可能会有过度的活力，从而表现出早早起床的行为。父母应该通过了解孩子的睡眠模式、日常活动安排以及心理状态来寻求解决方案。比如，父母可以调整晚上的睡眠时间来保证孩子得到充分休息。帮助孩子在娱乐和学习方面找到平衡点，通过和孩子谈心了解孩子在学校的压力，并帮助孩子调整情绪，逐步建立起稳定的起床习惯，提高他们的生活质量。

→ 磨蹭的孩子

> 小杰今年5岁了，他的妈妈是名编辑，工作很忙，每天要赶着时间坐公司的早班车上班。
>
> 小杰妈妈设定的闹钟会准时在早上6点40分响起，然后她会去叫小杰起床。"小杰，起床时间到了，我们要准时出门哦！"妈妈温柔地喊道。

但小杰总是在被窝里翻来覆去，"再等5分钟"小杰懒洋洋地说。直到7点，小杰才勉强从床上爬起来，然而准备过程总是异常缓慢。

"小杰，我们7点出门，你记得吗？快点准备！"妈妈在厨房里边准备早餐边催促。

"好的，妈妈。我在找我的小熊，我要带它去幼儿园！"小杰边回答边在房间里到处寻找。妈妈看着钟表，焦急的情绪开始上升。"小杰，我们真的要迟到了！"他们经常要到7:30才能出门，妈妈气得跺脚，小杰也因为妈妈的焦虑而对上学越来越抵触。

面对这种情况，父母要做的有三步。

第一步是接受现实，而不是不停的催催催。孩子并不习惯早起，早上从半睡半醒到完全清醒需要一段时间。明白这一点后，父母可以降低自己的期待，并保持耐心，这样能让亲子关系更融洽。

第二步是父母要把自己原本的计划提前半小时准备好。比如，孩子正常起床时间是 7 点，可以提前到 6 点半，这个时间可以让孩子自己设定，并且告诉他为什么要早起半小时。

第三步就是有些事要提前一天去完成，并一定要让孩子参与准备过程。比如，让孩子把第二天要穿的衣服、鞋子准备好，把书包整理好，把要带的东西准备好……

当孩子能自己安排什么时候睡觉和起床时，他们会更清楚地知道自己要做什么，从而不会感到匆忙和有压力，自然也就不容易有"起床气"了。

→ **焦虑的孩子**

妈妈像往常一样走进小明的房间，轻声呼唤他："小明，起床啦，我们要去上幼儿园啦！"

小明翻了个身，把自己裹在被子里，小声嘟囔着："我不想去上幼

04 / 你好世界——孩子与社会的第一次接触

儿园。"

　　妈妈有点儿惊讶,轻轻拍拍他的背:"为什么不想去呢?你以前不是很喜欢上幼儿园吗?"

　　小明的声音从被子里传出来,带着哭腔:"我不喜欢上幼儿园,每天早上起床好累,还要和他们一起玩游戏,烦死了!"

　　妈妈听了心里一沉,温柔地问:"是不是在幼儿园里发生了什么事情,让你不开心了?"

　　小明没有回答,只是默默抽泣着。妈妈感到事情有点儿严重,便停下来想了想,然后说道:"小明,妈妈知道你现在很难过。我们可以一起想办法解决这个问题,好吗?你可以告诉妈妈到底发生了什么事情吗?"

　　小明犹豫了一下,终于从被子里探出头来,眼睛红红地说道:"昨天我们班一个叫西瓜的小朋友抢了我的玩具,还说我是坏孩子,老师看到了也没说什么,我觉得很难受。"

　　妈妈心疼地抱住小明,轻声安慰道:"原来是这样啊,妈妈很抱歉没有

早一点儿知道。小明，你是一个很棒的孩子，遇到这样的事情觉得难过是很正常的。妈妈会和老师沟通一下，看看怎么解决这个问题。你愿意再试一次吗？"

小明抽泣着点点头，虽然心里还是有些抗拒，但他知道妈妈是站在他这边的。第二天早上，妈妈早早地起来，为小明准备了他最喜欢的早餐。她温柔地叫醒小明："今天我们一起去幼儿园，好吗？妈妈会一直陪着你，直到你觉得安心为止。"小明虽然还有些不情愿，但看到妈妈温柔又坚定的眼神，心里感到一丝温暖。他点了点头，慢慢地起床，穿上衣服。

妈妈找到小明的老师，详细地讲述了小明昨天遇到的事情，并表达了自己的担忧。老师听完后，很抱歉地说道："真是对不起，我昨天没有注意到这件事。小明是一个很可爱的孩子，我会和西瓜谈谈，让他明白这样做是不对的。我也会关注小明的情绪，帮助他更好地适应幼儿园的生活。"

孩子出现"起床气"，根源主要是孩子内心的焦虑。

孩子表现出这种焦虑前，一定会出现一些预兆，比如说发生过不愉快的小意外或者有不舒服的经历，孩子也可能说过"不想去上学"之类的话。所以说在睡前和孩子聊聊天是一个很好的预防措施，父母可以问问孩子白天做了什么，听听孩子在幼儿园有没有什么烦恼，让孩子明白父母是站在他们这方的。这种情感上的支持是预防"起床气"的重要基础。

接下来是帮助孩子放松下来。当孩子出现"起床气"的时候，和他们讲道理通常没有什么效果，关键是要让孩子的情绪平复下来。

然后是倾听孩子的需求，让他们感觉到父母是愿意理解他们的焦虑和不安的。

最后是和孩子一起讨论解决方法。如果通过前面的步骤，孩子的情绪已经平复了，就可以告诉孩子："我们理解你的心情，但学还是要上的，我们可以一起讨论解决方法。"这时，孩子可能会提出各种各样的方法，甚至是找不上学的借口。这时，父母不要讽刺孩子或给他们"下套"，而是尽量答应或给出优化方案。这不是溺爱，而是尊重孩子的表现，让他们明白选择之间有一条界线，"学校一定要去，但怎么去上学，可以一起商量"。

如果早上孩子真的出现了焦虑情况，迟到是必然的。父母应先做好心理准备，然后找到孩子焦虑的原因，对症下药才是最重要的。

➔ 被吵醒或者没睡够的孩子

> 小洪今年在上幼儿园，每天早上妈妈都要叫他起床，然后收拾东西，送他上学。一天早上，妈妈像往常一样走进小洪的房间，轻声呼唤他："小洪，起床啦，我们要去幼儿园了！"小洪却把头埋进枕头里，烦躁地嘟囔道："不要吵我，我不想去！"
>
> 妈妈叹了口气，知道小洪是因为昨晚看动画片看到很晚才上床睡觉，所以现在才会这么烦躁。她轻轻拍拍他的背，说道："小洪，你已经迟到了，再不起床就赶不上幼儿园的早餐了。"
>
> 小洪却一点儿不为所动，生气地把被子拉过头顶，大声喊道："我不去

上学！让我再睡一会儿！"

　　小洪的妈妈很苦恼，每天晚上，小洪都想多看一会儿动画片，10分钟、20分钟……解决这个问题并不容易，每个早上都是一场战斗，她不知道还要经历多少个这样的早上，才能找到让小洪快乐起床的方法。

　　对于孩子这种情况的"起床气"，父母要做的就是保证孩子能有充足的睡眠时间。确保孩子晚上早点入睡非常重要。只有睡眠时间足够，他们才不会在还没睡够的情况下被叫醒。

　　需要注意的是，孩子在3岁以后，午睡也会影响他们晚上的入睡时间。

　　例如，对于午睡1—2小时的孩子来说，如果他们能在晚上8:30到9:30入睡，睡眠时间就比较充足了。那他们没有午睡的话，就需要在晚上7:30到8:30入睡，以保证睡眠时间也是足够的。

父母还要注意用轻柔的方式唤醒孩子，千万不要用激烈的方法，如大声叫喊"快起来，我们马上要出门了"之类的话语，也不要故意弄出大的动静吵醒孩子。父母还应注意千万不要一下子拉开窗帘。这会让孩子的"起床气"一下子爆发。

　　父母可以尝试轻轻靠近孩子，摸摸他们的小手小脚，温柔地叫他们的名字，或者只拉开窗帘的一小部分，让一点点光线透进来，使房间变得明亮但不会刺眼，抑或说一些孩子喜欢听的话，唱些舒缓的歌，播放一些动听的音乐。这些都能让孩子慢慢醒来，并保持一种好心情。

　　面对孩子的"起床气"，最重要的是父母要保持平常心。

　　有时候，父母的唠叨和紧张，是因为自己内心的压力太大。孩子一有"起床气"，就联想到迟到、堵车、耽误事情，甚至将其归结为性格问题，对孩子进行说教，这些既不能缓解孩子的"起床气"，还会破坏亲子关系。当出现"起床气"时，孩子最需要的是父母提供清晰的缓解方法、温和的态度，还有陪他们一起解决问题的力量。要知道，孩子就是在一次又一次的失败和错误中慢慢成长的。

把不是自己的东西拿回家

相信一些父母会有如此的苦恼，不论孩子是上学，还是去亲戚朋友家，回来的时候，总是会拿点东西回来，有时是玩具，有时是文具。问他的时候，他就说："这些玩具是XXX的，我喜欢，就带回来了。"父母对这种事情很无奈，甚至有父母认为，这不就是偷吗？小小年纪就出现这种坏习惯了，长大了怎么办？

> 浩浩刚开始上幼儿园，每天早上都背着他的蓝色小书包，高高兴兴地去幼儿园。有一天放学回家，浩浩的妈妈发现他的书包里多了一辆崭新的玩具汽车。妈妈有些疑惑，便问道："浩浩，这辆玩具汽车是哪里来的呀？妈妈可没给你买过这样的。"
>
> 浩浩兴高采烈地回答："妈妈，这是幼儿园的，我喜欢就拿回来了！"
>
> 妈妈听后有点儿无奈，但想了想，温柔地对浩浩说："浩浩，玩具是幼儿园的，不是你的。你喜欢玩可以在幼儿园里玩，但是不能拿回家。把别人的东西拿回家是不对的，知道吗？"
>
> 浩浩点点头，虽然有些不情愿，但还是答应了妈妈。
>
> 但之后，妈妈发现浩浩的书包里还会时不时地出现一些新玩具：一次是一只毛绒熊；另一次是一块拼图。妈妈越来越担心，她再次与浩浩谈话。
>
> "浩浩，妈妈和你说过，不能拿幼儿园的玩具回家。为什么你还要拿呢？"
>
> 浩浩低下头，小声说："可是，妈妈，我真的很喜欢那些玩具。而且其

他小朋友也不会介意的，他们也有很多玩具。"

浩浩妈妈很苦恼，这么小的孩子就有这种坏习惯，以后可怎么办呢？

俗话说："小时偷针，大时偷金。"意思是小时候敢偷人家一根针，长大就敢偷黄金。

偷东西确实是一件非常严重的事情，但是3岁之前的孩子偷拿别人的东西，并不是真正意义上的偷窃，真正的偷窃行为发生在6岁到青春期。孩子3岁之前，有时候会把别人的东西拿回家，其实是一种正常的心理现象。这不是偷窃，而是他们的占有欲在作怪。简单来说，孩子这么做是因为他们喜欢那些东西，并不是真的想要偷别人的东西。这只是他们表达喜欢的一种方式。

心理学家皮亚杰说过："孩子的道德发展是一个从他律逐步向自律、由客观的责任感逐步向主观责任感转化的过程。"

2—5岁的孩子还处在"自我中心"阶段，也叫前道德阶段。这个阶段的孩子还不太懂用规则来规范自己的行为。在与父母、同伴的相处中，以及在做价值判断时，他们往往会表现得以自我为中心，也就是"我喜欢什么，我就要什么""我喜欢什么，什么就是我的"。3岁左右的孩子对"你""我""他"

的概念还不是很清楚。在他们的思维里，只要是自己喜欢的东西，就会认为是自己的。这是因为他们还没有清晰的物权意识。

即使孩子模糊地知道什么是对的，什么是错的，但有时候他们还是无法约束自己的行为，总希望拥有自己喜欢的东西，并想办法得到它。这并不是因为他们道德上有问题，而是他们在道德认知发展过程中的正常心理现象。随着年龄的增长，通过教育和引导，孩子这种"以自我为中心"的意识会逐渐淡化，同时他们的占有欲会逐渐减少和消失。到那时，他们会学会更好地分享和尊重他人的物品。

所以，当2—6岁的孩子"偷"东西时，父母不必过于担心，这只是他们成长过程中的一个正常心理现象，并不是真正意义上的偷窃。通过耐心的教育和正确的引导，他们会逐渐学会什么是对的、什么是错的，这种问题也就不会出现了。

"偷"别人的东西，是孩子在道德认知发展过程中出现的正常现象，为什么有的孩子这种行为多，有的孩子这种行为少呢？

孩子拿别人的东西，其实还有其他的原因。

1 为了吸引别人的注意

有些父母因为工作忙，对孩子仅仅是"活着""不受伤""正常完成作业"等要求，而忽略了孩子的心理感受。有时候，孩子拿别人的东西回来，这样父母会更关注他，管一管他，所以他就会用这种方式吸引父母的注意。

2 发泄不满

在幼儿园里，有时候几个孩子会因为抢一个玩具发生争执。如果有孩子没能得到玩具，或者因为抢玩具被批评，他们会觉得很不公平。这时候，他们可能会通过"偷"玩具的方式来发泄心中的不满，他们认为："我挨批评是因为这个玩具，那我就要把这个玩具拿走。"

→ 当孩子拿来不是自己的东西时，父母应该怎么办？

父母既不能把孩子拿来不是自己的东西定义为"偷"，也不能以"孩子小，啥都不懂"的理由听之任之，那父母应该怎么办呢？

孩子这种"偷"的行为，虽然不是真正意义上的偷窃，但是，要对这种行为进行制止，否则，这样的行为会慢慢演变成真正的偷窃。

1 拒绝强势

当父母发现孩子的书包里多了一些"来路不正"的东西时，首先要做的就是控制住自己的脾气，不要摆出一副"你做错了"的强势态度，对孩子劈头盖脸一顿骂，而一定要保持平和的心态，跟孩子好好沟通，弄清楚到底是什么情况。

因为，一旦父母很强势，很有可能给孩子造成很大的心理压力，甚至逼迫他们撒谎，最后演变成"孩子只是为了应付父母，并不敢表达自己真实想法"的状况，这样，问题是得不到解决的。

② 明确告诉孩子不是自己的东西不能随便拿

习惯成自然。父母要在日常生活中给孩子灌输一种思想——不是自己的东西，不要随便拿。这样孩子会逐渐意识到，在拿别人东西的时候，要先征求对方的同意，否则就是不对的行为。

父母平时带孩子出去玩的时候，也要注意培养孩子的好习惯，如跟其他小朋友玩的时候，哪怕玩具放在地上，自己想玩的时候也要去问问玩具所有者："这个玩具可以让我玩一会儿吗？"

③ 激发孩子的同理心

当发现孩子"偷"了别人的东西时，父母要动之以情地教育他们，可以举例子："如果有一天你发现自己最喜欢的小飞机找不到了，后来发现是邻居小明拿了，你自己会有什么感受，你会不会很伤心？如果这时候小明说，'我就喜欢它，然后就拿走玩了'，你又是什么感受呢？"

这样动之以情的教育能让孩子明白，不能拿别人的东西，每件物品都是有所有权的，你拿走了，那其所有者就会很伤心。

④ 不要惩罚

当孩子拿了不属于自己的东西，父母不要用惩罚的方式来教训他们。过于严厉的管教可能会让孩子更想拿别人的东西，以至于情况变得越来越糟。其实，孩子并不明白什么是"偷窃"。所以，当孩子有这样的行为时，父母不要严厉地惩罚他们，更不要给他们贴上"小偷"的标签，这样会伤害他们的自尊心，不利于他们身心的健康发展。父母应该耐心地解释为什么不能拿别人的东西，告诉他们正确的做法。这样孩子才能更健康快乐地成长。

⑤ 鼓励孩子把不属于自己的东西还回去

孩子拿了不属于自己的东西后，父母要让孩子清楚什么是对、什么是错，然后要把这个事情解决好。比如，要让孩子主动地归还物品，归还之前要让孩子明白"拿别人的东西是错的"的道理。

> 小梁的妈妈发现小梁铅笔盒里多了一块卡通形象的橡皮，然后就问小梁："这是谁的橡皮？""妈妈，这是小玲的，我看着好看，就拿来了。"小梁告诉妈妈。
>
> "那小玲找不到自己的橡皮，会不会伤心呢？"小梁妈妈说。
>
> "好像是的，小玲是我的好朋友，我要赶紧把橡皮还给她。"小梁说。
>
> "宝贝，你做得很对，我们一起去把橡皮还给小玲。"小梁妈妈欣慰地说道。

父母要耐心地和孩子交流，引导他们自己思考，而不是用严厉的态度去斥责他们，这样会让孩子产生抵触情绪。父母可以通过让孩子换位思考，帮助他

们理解他们行为中不恰当的地方,这样他们才能进一步认识自己的错误,并改正错误。

❻ 给孩子更多的关心和爱护

在一些父母眼中,挣钱比陪伴孩子更重要。他们认为只有赚更多的钱,才能给孩子提供更好的生活和教育,满足孩子的物质需求,而认为情感关爱不是必需的。虽然孩子的物质需求得到了满足,但他们在情感上的匮乏,往往会导致心理问题。孩子可能会通过负面的行为来纾解内心的不适,结果越走越偏。

所以说,当孩子因为想引起父母注意而"偷"东西时,父母应该多花时间陪伴孩子,给他们更多的关心和爱护,让孩子感受到自己被重视,他们才不会再用"偷"东西来表达内心的需求。这样孩子才会在健康的情感环境中成长,心理也才会更加健康。

→ 防微杜渐,防患于未然

偷东西是一件非常严重的事情,但是对于上幼儿园的孩子来说,这种行为只是他们道德认知发展过程中经历的一个阶段,是正常的心理现象。但是即便是这样,父母也不要因为事情"小"而放任不管。

在发现孩子有"偷"的行为时,父母要对孩子进行正确引导和教育,只有这样,孩子才能形成正确的道德观念。要知道很多不良行为是从沾染不良习惯开始的,父母发现孩子有错误的行为一定要防微杜渐,防患于未然。

孩子打架怎么办？

一些父母会因为自己的孩子和别的小朋友打架而苦恼。有的父母认为，碰到孩子打架就要训斥自己的孩子，告诉他打架不对；也有的父母认为，孩子打架是正常的，只要自己的孩子不受气就行了。那么碰到孩子打架，父母到底应该怎么做呢？

> 妈妈接小红放学的时候发现她手背上有一条划痕。
>
> 妈妈问了老师，老师说："小红和小绿两人闹着玩，不知道怎么就打起来了。"小红妈妈很无奈，心想，这不是她第一次打架了。不知道从什么时候开始，小红身上总是会有一点半点的小伤口，问老师，就说是小红跟同学打架了。小红妈妈都不好意思了。

从理论上讲，孩子之所以打架，是因为他们的自我意识在发展，学会了用攻击手段来保护自己的利益，父母不需要过度担心，只需对孩子进行正确的引导。

→ 确保孩子在充满爱的环境中成长

心理学家皮亚杰的一项研究得出了如下结论：0—6岁的儿童几乎会把自己的精力全部投入自我建构中。孩子刚上幼儿园时，老师会教他们分享，其中难免会有和自己的利益相冲突的地方，如某一个玩具两个孩子都想玩，就会以为对方侵犯了自己的利益。他们会因为这些小事产生矛盾，这都是正常现象。正确的方式是讲道理而不是靠暴力手段解决问题。

因此，父母在教育孩子的过程中，不要出现所谓的"掌掴孩子""一言不合就动手""男女混合双打"等行为，这会潜移默化地影响孩子，让他们以为有人侵犯自己的利益时就要使用暴力。如果父母习惯用权力来压迫孩子，孩子就会学会仗势欺人，一言不合就动手。

→ 孩子打架，父母的错误做法

孩子在幼儿园打架是常见的现象，一些不理智的家长在处理孩子打架问题时的错误做法，会给孩子带来沉重的心理负担和不良影响。

① 教孩子以暴制暴

"在学校，没人打咱，咱也不动手。但是如果有人打咱，咱就要使劲打他，听明白了吗？"相信父母对这种所谓的解决孩子之间打架的方法并不陌生。很多父母会有这种心态，以为这样就没人欺负自己的孩子了，可是这些父母有想过这样下去的结果是什么吗？

你打我一下，我也打你一下，甚至我打你的劲儿更大，这样你就不敢再打我了。这不就是所谓的"拳头才是硬道理"吗？这种以暴制暴的观念对孩子的成长有益吗？

这样下去，孩子会用报复的心理去解决问题，而不是采取正确的处理方式，慢慢地孩子会变成"暴力至上"的宝宝。

❷ 孩子的矛盾父母参与

"谁欺负你了，我去找他拼了。""谁跟你打架了，我去打他爸。"这也是一些父母的错误做法。自己的孩子是"宝贝疙瘩"，看到孩子打架了，不管谁对谁错，只要是自己的孩子受气了，就去找对方或者对方的父母理论。

孩子的世界是很简单和纯粹的，他们也许只是单纯的不小心，也没有想太多，而且孩子打架根本就不记仇。但是他们的一举一动牵动着父母的心。本来没啥大不了的事儿，孩子都没事了，父母却要上纲上线，真的有必要吗？

❸ 找老师理论个够

"孩子在幼儿园打架了，不行，我要问问他们班主任，怎么看的孩子，孩子受伤了也不跟我们父母说一声。""这老师怎么当的，连个孩子都看不好，让我家宝贝受气。""宝贝，不要怕，我现在就去找你们老师。"老师也很委屈，班里这么多孩子，难免有打打闹闹的，老师也不能一刻不离眼地看这么多个孩子。

老师在被家长质问的时候，又能怎么做呢？只能耐心地赔不是。但是以后老师在管教这个孩子的时候，必然不敢再放手管了。

→ 父母的正确做法

❶ 跟孩子一起分析到底是谁的错？

小孩子之间打架一般是因为偶然发生的小事，父母可以跟孩子一起分析，是这个小朋友经常跟你打架，还是只是偶尔一两次？是因为抢玩具，还是其他的原因。可以让打架的双方坐到一起，各自说说为什么打架，这样孩子就可以在有父母在场的情况下，听一听对方的想法。

父母可以引导孩子学会分析到底是谁的错误。比如，"这个玩具手枪是小鸿的，小木子因为喜欢就抢了小鸿的，那是不是小木子的错误呢？"无论是打人还是骂人都是不对的行为，都需要向对方道歉。同时，父母要教育孩子，不能因为对方先做错了,自己就也用错误的方式去对待他。父母要引导孩子用正确的方法处理他们之间的小矛盾。

② 锻炼孩子自己解决

对孩子来说,幼儿园相当于一个小社会,孩子也会遇到成年人经常遇到的问题。小朋友们天天在一起生活、玩乐,也会出现一些攻击和反抗的行为。孩子的友谊也是在他们一次次的打架、争吵中慢慢建立起来的。

对于孩子之间的争吵,如果父母出面,会解决得很快,但也许并不能真正解决问题。孩子有可能会因为父母的保护而越来越依赖父母,时间久了,他们会丧失自我保护的能力,甚至变得脆弱、易怒,认为无论做什么,都有父母在撑腰。

所以,如果是小矛盾,请父母不要当孩子的裁判,而要鼓励孩子自己解决问题。这样会锻炼孩子的问题解决能力和人际交往能力。

③ 学会道歉很有用

小朋友在幼儿园因调皮捣蛋而无意识地伤害别的小朋友,是很正常的事情,父母一定不要包庇孩子,既然错了,就要鼓励孩子给对方真诚的道歉，要知道有的时候一句"对不起"就是两个孩子之间友谊的开始。

④ 锻炼孩子的社交能力

父母要锻炼孩子的社交能力，同时要教会他们辨别是非的能力，而不是直接告诉孩子："那孩子不懂事，以后咱不跟他一起玩。""小东不是个好孩子，不要学他。""小鸿太有个性了，不要跟他一起玩。"这样的结果便是孩子的社交圈越来越小。

父母应该给孩子灌输"哪怕别人说某人是个'坏孩子'，我们也不要人云亦云，而要自己去寻找真相"。所以，授人以鱼不如授人以渔，请父母教给孩子方法，而不是替孩子选朋友。

⑤ 不要数落孩子懦弱

如果自己的孩子向自己寻求帮助的时候，父母千万不要数落他们："你怎么这么老实，受人欺负啊？你哭有什么用啊？"孩子找父母寻求帮助，本意就是他们想得到父母的理解。如果父母这样做，孩子以后再被欺负也不会再找父母了。

父母应该给孩子分析情况，告诉他下次应怎么做，让他知道如果是对方的错误，就要勇敢地抗议；如果是自己的错误，就要勇敢地找对方道歉。当孩子懂得一些为人处世的道理后，遇到问题，他们就会自己想办法解决。

"不合群"不是性格缺陷

没有父母不喜欢自己的孩子能和小朋友打成一片的，但实际上，很多孩子在学习和生活中，喜欢独来独往，这是不是孩子性格有缺陷呢？父母又应该怎么引导他们呢？

我们经常可以听到一些声音：

"我家孩子6岁了，总是喜欢一个人待着。"

"每天接我家孩子的时候，他总是自己走。"

"我家孩子，在电梯里碰到同学也不说话。"

"为什么我家孩子，不喜欢出门跟小朋友一起玩啊？"

"孩子是不是有孤独症啊？该怎么办呢？"

小区里有个叫佳佳的小男孩儿，他性格内向，很安静。在学校里，只要是集体活动，佳佳能不参加就不参加。

每天晚上放学，妈妈接他的时候，他也是跟着妈妈回家，从来不在小区里玩。佳佳妈妈很苦恼，"孩子是怎么回事呢？是不是得了孤独症？"

这样的孩子并不在少数，每次开学的时候，总会有孩子不能融入集体生活，他们一个人学习，一个人吃饭，一个人回家，任何的集体活动都不想参加。父母也很苦恼，但是又找不到孩子不合群的原因，只能教育孩子："你要跟小朋友多玩会儿。""不要天天待在屋子里。""放学你可以跟小朋友一起回家，自己一个人多孤独啊。"其实导致孩子不合群的原因，不是孩子的性格有缺陷，很大程度上是父母的教育有问题。

→ 孩子不合群多半是家长的问题

❶ 家长溺爱

现在的孩子大多是独生子女，一个孩子，由爸爸妈妈、爷爷奶奶、外公外婆六个人来养，孩子的各种要求几乎都能无条件得到满足。每天都有人陪着，孩子就没有找同龄玩伴的想法了。

成年人在和孩子交往的过程中，会因为他们是孩子而处处让着。但是成年人给孩子的爱是单向的，并没有顾及孩子的感受。孩子在和成年人交往的过程中，几乎没有任何困难，也没有任何忧愁，也不会出现冲突。但当他们面对同龄玩伴时，可能会产生矛盾、冲突等，对于没有交往经验的孩子而言，他们会觉得很麻烦，所以他们宁愿自己待着，也不想跟同龄孩子交往。

但其实对于年幼的孩子，如果没有经历过打打闹闹、磕磕碰碰，不知道摔倒了要自己爬起来，做错了要主动承担责任，那他们就不会懂得与人交往的道理，不会懂得宽容、理解，也不会为别人考虑。这样的孩子，会引起同龄人的排斥，因此产生不合群的情况。

② 孩子过于敏感

孩子过于敏感，其实是他们缺乏安全感。一些孩子生来就比较敏感，内心有很多情绪，但又不太会表达。这样的孩子很容易误会别人的好意，以为别人对他们不好，这会让他们跟朋友之间的关系变得紧张，慢慢地就不太合群了。

可以说，敏感的孩子不是多疑，而是更需要安全感。如果家里的氛围不和谐，如爸爸妈妈经常吵架，孩子就会感到不安全，这会让他们害怕和别人接触，不太信任别人。

过于敏感的孩子很容易孤单，这对他们的成长和健康都不利。作为家长，很重要的一点是要努力营造一个和谐的家庭环境，大人之间要多些包容和理解。即使偶尔有争吵，也尽量不要让孩子看到。给孩子一个温暖的家，可以帮助他们渐渐地打开心扉，不再那么敏感。没有比家长对孩子深沉而真诚的爱更好的教育方法了，这种爱是打开孩子内心世界的钥匙。

③ 孩子太自卑

人多少都有自卑的心理，孩子自卑的原因多种多样，家庭条件、高矮胖瘦、流口水、说话说不清楚等，都可能导致孩子产生自卑心理。但是孩子会掩饰自己的自卑心理，而掩饰自卑心理的表现就是不合群，不跟同学一起玩，说话少，不参与集体活动，等等。

孩子不合群并不是性格有缺陷，多半是孩子心理上的问题。父母要把握好孩子的心理，给他们足够的机会让他们融入他们的世界中。

04 / 你好世界——孩子与社会的第一次接触

→ **孩子不合群怎么引导？**

生活在纷繁的社会里，每个人都要和他人发生各种各样的关系，这种人与人之间相互联系和交往的状态就是人际关系。人际关系是社会生活中不可缺少的一部分。面对孩子不合群，父母不需要太过于紧张，只需有针对性地给孩子提供帮助，孩子一定会变得更活泼、更善于交际。

1 父母要正确引导

父母要知道，内向只是性格的一种，并不代表孩子有心理问题。父母在看到孩子不喜欢参与群体活动时，就定义他们"不合群"，也是不合理的。有一部分孩子天生喜欢安静、独处，做自己喜欢的事情，跟别人在一起玩反而会不自在。对于这类孩子，父母不要强迫他们和小朋友交往，而应尊重他们的想法，帮助他们找到自己的兴趣和爱好，让他们自信地对待每一天就可以。

② 增强孩子的安全感

孩子不合群在很大程度上是因为他们缺乏安全感。这个时候，如果父母对孩子很严厉，经常批评他们，会让孩子感到更加不安全和孤单，这对帮助他们改变孤僻的性格并不有利。父母应该多给予孩子关注和温暖的爱，努力创造一个和谐、愉快的家庭环境，让孩子感到轻松和快乐。当孩子感受到足够的爱时，他们的内心会变得更加有安全感，从而更容易信任周围的人和环境，与其他小朋友交往时也会更自在。

爱孩子，意味着在保证安全和基本规则的前提下，给予孩子足够的自由。父母不应过度要求或控制孩子，而是应该鼓励他们大胆地去探索和尝试新事物，为他们创造一个自由、和谐的成长环境。这样的环境可以帮助孩子健康成长，更好地与人交往。

③ 培养孩子独立自主的能力

孩子不合群，有时是因为他们过于依赖父母。父母在日常生活中对孩子无微不至的照顾导致孩子没有养成独立自主的好习惯。遇到困难时，孩子先想到的是找父母帮忙。而小朋友的世界里，是不需要父母参与的，所以这些做事总想着父母帮忙的孩子必然融入不了孩子的小群体里。

因此，父母应培养孩子独立自主的能力。对孩子的关心和爱护并不等同于溺爱，父母要把握好度，鼓励孩子自己的事情自己做，给他们锻炼的机会。

④ 给孩子提供良好的交往环境

父母是孩子最好的老师，如果父母不喜欢和朋友交往，有空就喜欢待在家里刷手机、看电视，那孩子也会受到影响。所以父母要多带孩子去公园等人多的地方，周末的时候可以带着孩子去参加一些商场举办的亲子活动等，让孩子能多一些和同龄人相处的机会。

父母要教会孩子正确的交往方式和规则，如先来后到、别人的东西要经过别人同意才能动等。这样，孩子能更快地适应群体活动，学会与人交往。

→ 不要轻易给孩子贴上"不合群"的标签

每个孩子的发展都是按照一定规律逐渐进行的。对于父母来说，看到别人家的孩子玩得好好的，自己的孩子却在家里待着不出门，肯定会有这样那样的担心和忧虑。但实际上很多时候是因为孩子的心理发育阶段不同而已。

父母不要轻易地给孩子贴上"不合群"的标签，跟孩子说"看看谁天天在外面玩，你为什么不出去？""你的同学都在一起玩，为什么你不能啊！"这一类的话。这样会影响孩子的心理发育。心理发育跟身体发育不同，也并不和身体发育的速度相同，父母需要多理解孩子，多引导，多帮助。

你所不知道的嫉妒心

嫉妒心是人类心理中动物本能的一种具体体现，是一种原始的情感。其实，这种心理在幼儿时候就会出现。孩子的嫉妒心是将自己和别的小朋友进行比较，而产生的一些消极的情感。面对孩子的嫉妒心，父母应该如何处理呢？

> "妈妈，阳阳妈妈给阳阳买了一辆小汽车，自己能坐上去开的那种，我也想要一个。"
>
> "爸爸，小明又买了一个玩具，我也要一个，现在就要，不要从网上买，我下午出去玩的时候就要带上。"
>
> "为什么人家天天都有新玩具玩，我就没有呢？"
>
> "爸爸，今天下午去楼下玩，包包新买的玩具枪比我的大，我要一个比他的还大的。"
>
> ……

相信父母对这些话并不陌生，自己家的孩子或多或少说过类似的话。大部分孩子有这种心态，出去玩，不管别的孩子有什么，他都想要。这种情况确实存在，孩子喜欢关注别人，拿自己和别人比，这就涉及孩子的嫉妒心。

加拿大的科学家做过一个实验，实验表明，3个月大的婴儿已经表现出了明显的嫉妒心理。从事儿童心理和智力发育研究的玛利亚·莱赫斯特带领的专家小组对50名3个月、6个月和9个月大的婴儿进行了四项实验。结果表明，当母亲的注意力由宝宝转向其他人时，婴儿会以蹬腿或啼哭等方式来表达自己的不满。

儿童心理专家指出，嫉妒是一种自然感情，每个人都会有嫉妒心理。其实，日常生活中的很多情况能使孩子产生嫉妒心理。家里来了其他小朋友，当爸爸妈妈说出"他比我家宝贝高不少"的时候，自己家的孩子就会使劲挺直腰板。别的小朋友拿着玩具，而自家孩子没有的时候，等小朋友走了，自家孩子会缠着自己要同样的玩具……尽管嫉妒心是一种普遍的、可以理解的心理，但如果父母对其放任不管，可能会导致孩子出现对立的行为。这会对孩子的人际关系产生负面影响，因此，父母必须对嫉妒心强的孩子进行心理辅导。

→ 嫉妒心强的表现

① 不容忍自己亲近的人对其他孩子示好

孩子最初产生嫉妒心是因为爸爸妈妈等自己亲近的人，对其他孩子表现出关心或者给其他孩子零食、玩具等示好行为。这个时候，自家的孩子会直接表现出他的嫉妒心，通常表现为哭闹、故意随地尿尿、故意摔东西等。

他们的这种做法是想引起自己亲近的人的注意，让他们停止对其他孩子的示好。

② 对得到表扬的其他孩子有敌对情绪

当其他孩子得到表扬时，有些孩子会表现得非常不开心，觉得自己也很优秀，不应该被忽视。有的孩子甚至会当众揭露被表扬孩子的缺点或不足，比如："他爸爸就是个收破烂的。""他家就在小区门口摆地摊。"这些言辞往往与被表扬的事实毫无关联，只是孩子在表达自己的不满和嫉妒。孩子出现这样的言行，会影响受表扬孩子的情绪，破坏他们之间的关系。

→ 孩子在什么情况下会产生嫉妒心理呢？

1 学习或者生活相接近的孩子

孩子容易和同龄人在学习或者生活方面相接近的孩子进行比较。比如，看到自己同学买了新铅笔盒、新书包，穿了漂亮衣服，心理会有不同程度的落差，其中对新铅笔盒、新书包的渴望，甚至会让孩子产生自卑感，认为自己没有新铅笔盒、书包，是自己家庭条件太差。在这种情况下，孩子很容易出现嫉妒心理。

2 自己费劲得到的东西别人可以轻易得到

当孩子发现自己费劲得到的东西，别人轻松就得到了，这时很容易产生嫉妒心理。换种说法，如果孩子觉得别人拥有的东西，自己也可以通过努力获得，那就可以缓解孩子的嫉妒心理，同时可以培养孩子对待事物的积极性和主动性。

3 认为自己遭受了"不公平"待遇

一些孩子在成长过程中，认为自己遭受了"不公平"待遇。比如，二胎家庭的大宝就经常感觉爸爸妈妈对弟弟妹妹的关注多一些，给他买的东西少一些,他们就会认为自己遭受了"不公平"待遇。在学校里,插班生面对别的同学的抱团,也会有这种心理。其实,这是一种主观心理,是孩子心里认为自己遭受了"不公平"的待遇,并不一定是客观事实。

→ 孩子嫉妒心强的原因

其实,孩子嫉妒心强在很大程度上受外界的干扰。比如,跟其他小朋友一起玩的时候,父母很容易跟其他父母讨论孩子,会说:"你看,人家小明,天天在外面玩,也不会弄一身脏,我们家的孩子,就不能出去玩,一玩一身脏!""你看你家孩子吃饭多省事儿,我家这个还得天天喂。"孩子听到后就容易产生嫉妒心理。

在学校,老师经常会表扬学习好的同学,会说:"小辉这次考了第一名,同学们要向他学习。"其他同学就会认为自己不够优秀,老师不喜欢自己,进而对学习好的同学产生嫉妒心理。

→ 如何减轻孩子的嫉妒心?

1 正确理解孩子

幼儿的心机是很单纯的。比如,看到妈妈跟其他小宝宝亲热,他们就会不高兴,这个时候,妈妈不要责骂孩子,而应该正确地引导,可以告诉孩子:"宝贝,妈妈很爱你,我们一起和小宝宝玩,好不好?"

❷ 充实孩子的精神世界

一些孩子嫉妒心强，往往是因为他们缺乏关爱，或者感觉自己被忽视。父母要多培养孩子的兴趣爱好，如音乐、美术、运动等，引导孩子多参加有益于身心发展的活动，多交一些朋友，充实他们的精神世界，从而减轻孩子的嫉妒心。

❸ 父母做好表率，培养孩子高尚的情操

父母是孩子的第一任老师，父母嫉妒心的强弱和孩子嫉妒心的强弱有密切联系。如果父母心胸开阔，孩子也会形成宽厚待人的性格。如果父母斤斤计较，孩子也会受到不良影响。因此，父母一定要注意自己的言行举止。在日常生活中，父母要注意培养孩子高尚的情操，让孩子学会感恩和礼让，教会孩子正确看待每件事。

❹ 帮助孩子学会正确评价他人和自己

当孩子看到其他同学被老师表扬时，作为父母可以这样对孩子说：老师表扬其他同学，是因为其他同学在学习、帮助同学或者某些方面表现出色，你也可以通过努力得到老师的表扬。

父母还可以告诉孩子：每个人都有自己的强项和弱项，就像在团队里，每个人的角色和任务都不同，我们要学会欣赏别人的优点，并向他们学习。这样不仅能让自己变得更好，还能增进与同学之间的友谊。这样做可以培养孩子良好的心态，懂得欣赏和学习他人的优点，而不是产生嫉妒心理。

⑤ 帮助孩子增强自信心

很多时候，嫉妒心理和孩子的不自信是分不开的。有些孩子之所以产生嫉妒心理，是因为对自己不自信，没有看到自己比别人优秀的地方。作为父母，要帮助孩子找到他们的闪光点。父母不要一味地批评孩子，要适时地对孩子进行赞赏。父母的赞赏，不仅能让孩子克服嫉妒心理，还能增强孩子的自信心。

小明在上幼儿园大班，本来是个性格很开朗的小男孩儿，可是最近，他好像遇到了一些烦心事。小明班里有个比他大三个月的小女孩儿，叫小红，小红因为多上了一年的大班，所以对大班的教学计划很清楚，老师经常表扬她，小明因此开始嫉妒小红。小明认为，"我一直很努力，为什么老师总是表扬小红不表扬我呢？我怎么努力也比不上她"。

有一天，小明把这件事情告诉了妈妈，妈妈很理解小明的感受，对小明说："妈妈很理解你的心情，宝贝，但是小红多上了一年大班，她比你懂得多一些是正常的。小红确实很优秀，但这并不代表你不优秀。"

妈妈继续说道："每个人都有自己的优点和长处。你在很多方面也做得非常好，你很会和小朋友分享玩具，而且你涂色也非常好呀！"

小明说："可是，为什么老师不表扬我呢？"

妈妈说："老师可能没注意到你的一些优秀表现，你可以把自己做得好的事情告诉老师，如你完成了一个很难的拼图，或者你帮助了其他小朋友。"

小明告诉妈妈："可是我还是觉得自己不够好。"

妈妈说："宝贝，我们要相信自己。你可以设定一些小目标，如今天多回答一个问题，或者帮老师收拾一下玩具。每当你达到了一个小目标，爸爸妈妈都会为你感到骄傲。"

小明说："那我是不是也可以向小红学习？"

妈妈笑着说："当然可以！小红在一些方面做得很好，你可以向她请教，她会很高兴有人愿意和她一起学习。通过互相学习，你们都会变得更好。"

小明说："我知道了，妈妈。"

爸爸这时候也鼓励小明："太好了，宝贝！爸爸妈妈都相信你一定能做到！爸爸妈妈永远支持你！"

第二天，小明在幼儿园里按照妈妈的建议，积极回答问题，并且主动帮助老师整理玩具。老师注意到了小明的努力，对他进行了表扬。小明回到家高兴地把这个好消息告诉了妈妈:"妈妈,今天老师表扬我了,我好开心!"

妈妈说:"看吧宝贝,只要你付出就一定有收获的,你做得非常好,爸爸妈妈为你感到骄傲!"

通过爸爸妈妈的引导和鼓励,小明逐渐学会了欣赏别人的优点,也找到了自己的优势。在以后的学习中,小明也学会了学习别人的优点,自信地应对学习和生活中的挑战。

不爱和老师说话

孩子在成长过程中，除了要和父母沟通，还要和小伙伴沟通。等孩子上学后，还要和老师打交道。可以说，老师是孩子学习生涯中很重要的一部分。那如果孩子不爱和老师说话，在学校遇到问题，也不敢和老师沟通，父母该怎么办呢？

> 小丽今年4岁，在上幼儿园，平时都是奶奶接她上下学。有一次，妈妈送小丽上学，到班级门口，妈妈让小丽和她的班主任张老师打招呼，但是小丽没说话就进班了。妈妈感到很奇怪。但从门口看，小丽在班里跟小伙伴玩得有说有笑的，也就没当回事。

过了一段时间，妈妈接小丽放学时让小丽跟张老师说再见，小丽也没有打招呼就跟小伙伴一起玩了。妈妈找到张老师，向张老师询问小丽的情况。张老师说："小丽有这个情况很久了，她几乎不跟我们老师说话，尿裤子了也不说。老师问她问题的时候，她从来都是点头或者摇头，就是不说话。但是跟同学之间一点儿问题没有。"妈妈很纳闷，说她有孤独症吧，她跟同学玩得很开心；说她没问题吧，她又不跟老师说话。

因为这个问题，爸爸妈妈都很焦虑。吃饭时，爸爸对小丽说："你为什么不跟老师说话呢？明天必须跟老师打招呼。"小丽听了也不答话，只是扒拉着饭，吃完就回屋了。

爸爸妈妈商量了一下，又找张老师聊了一次，张老师说："是不是小丽对老师有抵触呢？可以回想之前的经历中有没有类似的问题。"张老师的话点醒了小丽的爸爸妈妈，原来之前小丽上过一个早教课，因为爸爸妈妈比较忙，所以经常让小丽在早教课结束之后跟着她的早教老师吃饭，一次因为小丽不小心把汤洒在了早教老师的衣服上，遭到了早教老师的训斥和惩罚。可能这件事在小丽心里留下了阴影，造成了现在的情况。

爸爸妈妈找到小丽不跟老师说话的原因后，痛心不已。他们意识到，早教老师的训斥可能在小丽心中留下了深深的阴影，导致她对老师产生了恐惧和抵触心理。为了帮助小丽克服这种心理障碍，爸爸妈妈决定采取一些积极的措施。他们与张老师进行了详细沟通，解释了小丽的情况，并请求张老师给予更多的理解和耐心。张老师表示会尽量给小丽创造一个温暖、包容的环境，以减少她的恐惧感。

在家里，爸爸妈妈和小丽进行了一些角色扮演类的游戏，如爸爸扮演老师，与学生小丽进行互动。同时，爸爸妈妈尝试着带小丽参加一些亲子活动，增加她与不同成年人的互动机会。经过一段时间的努力，小丽的情况有了明显改善。她开始敢于在老师面前表达自己的想法和感受。虽然一

> 开始仍然有些害羞，但随着时间的推移，小丽与老师之间的互动变得越来越自然和轻松。

其实，孩子不爱和老师说话，一般有两个原因。一是孩子本身的性格比较内向。刚去幼儿园，可能他们的自我保护意识比较强，对新环境的表现就会比较拘束，也不愿跟老师和同学接触，所以适应的时间就会长一些。二是孩子对陌生人或者成年人有恐惧心理，这时候就需要父母和老师一起对孩子进行适时引导，让他们尽快适应新的环境，学会和陌生人交流，锻炼独立能力。另外，孩子不爱和老师说话，还有下面一种常见情况。

→ 孩子不爱和老师说话源于跟老师的距离

老师毕竟是老师，跟父母不同，孩子到了幼儿园这个陌生环境后，对老师有一些敬畏心理是正常情况，这种情况多发生在性格内向的孩子身上。性格内向的孩子，怕上台，怕被老师叫到名字，怕被老师看到，因此，处处躲着老师。当孩子有这样的心理负担时，父母应该跟孩子讲解老师的角色，告诉孩子"老师是你们在幼儿园的朋友"，自己有趣的、无趣的、开心的、不开心的事都可以跟老师分享，老师非常乐意做你们的倾听者。

> 小海特别喜欢画画，每天在家里涂涂画画，但是在学校，老师都不知道小海会画画，原来，每次小海画完都偷偷把画藏起来，不想被老师看到。
>
> 小海妈妈发现这个情况后，告诉小海："老师看你的画，问你画的是什么，其实更多的是她想知道你在想什么，她也很想了解你。你愿意分享给她，她会很开心的。"
>
> 小海问妈妈："那老师可以成为我的好朋友吗？她不会笑话我画得不好吗？"
>
> 妈妈说："当然啦！老师就是小海的好朋友，遇到开心的不开心的事

04 / 你好世界——孩子与社会的第一次接触

情,都可以跟老师分享。对于你的画,老师肯定不会笑话你的。"

从那以后,小海和老师越来越亲近,慢慢地喜欢上了老师,现在小海经常跟老师聊天,互相分享各自的秘密。

→ **孩子不爱和老师说话怎么办?**

老师是孩子在成长过程中,除父母以外,接触相对比较多的人,所以孩子对于老师的印象和态度会直接影响孩子的成长和学习。父母要重视孩子和老师之间的关系,避免孩子不爱和老师交流的情况出现,如果出现了这种情况,父母要积极解决问题。

① 深入了解孩子不爱和老师说话的原因

理解孩子,深入了解他们不爱和老师说话的原因。当孩子出现问题时,父母可以这样问孩子:"当老师很严厉的时候,你的心情是什么样的呢?是害怕呢,还是觉得老师说得对?"孩子可能会回答:"我觉得老师很严厉,让我很不舒服。"这时父母可以跟孩子说:"如果是我,我也会觉得不舒服。但是老师说的是对的,只不过是语气让咱们有点儿不舒服了。"父母要设身处地理解孩子的心情，让孩子意识到父母和他是一条战线的，这样处理起来问题就方便多了。

父母有必要和孩子一起深入分析他们不爱和老师说话的原因，以便有针对性地解决问题。父母应该让孩子明白："在学校，有什么问题，都可以找老师解决，老师解决不了的或者认为老师解决得不好，等回到家，可以再告诉爸爸妈妈，爸爸妈妈是始终跟你站在一起的。"

❷ 和老师共同帮助孩子克服困难

父母要和老师多交流多沟通，深入了解孩子出现"不爱和老师交流"的原因，了解原因之后，跟老师一起商量对策，鼓励孩子多和他人接触。另外，父母和老师不应该互相拆台，而应该相互包容，如父母不要跟孩子说："爸爸妈妈说得对的，你不要听老师的。"或者老师对孩子说："你在学校就要听老师的，爸爸妈妈不懂教育的。"这种冲突对孩子的成长很不利，时间久了会让孩子更加不愿开口和老师交流。

③ 给孩子一定的时间去改变

父母不要着急，孩子的适应和改变需要一个过程。一些父母总爱说"跟你说过多少遍了，在学校就要听老师的，你不跟老师说话怎么行"或者"你怎么还不跟老师说话，哪有这样的孩子啊"之类的话，但是这些话无疑会进一步对孩子造成伤害，更不利于他们开口跟老师说话。

对于性格内向的孩子来说，刚刚入学的时候，老师、同学、环境都是陌生的，他们需要积累一定的勇气，才能开口。父母这个时候只需要给予孩子支持、鼓励就可以，切记不要责怪，不要打骂，伤害孩子的自尊心。

父母要正确看待孩子的反馈。比如，当孩子鼓起勇气跟父母说"我今天跟老师说了两句话"的时候，父母一定不要和孩子说"人家早把老师当朋友了，你多少天了才跟老师说了两句话，我对你真是无语"之类的话，打击孩子的积极性，而应该给予孩子肯定的答复，借机鼓励孩子继续努力。

"玻璃心"的胜负欲

无论是在家里和父母玩，还是在外面和朋友玩，孩子总是迫切想要赢；输了，要么就要一直玩到赢，要么就是发脾气，不玩了。总之就是，你不能赢，只能是我赢。在陪伴孩子的过程中，父母会发现，不知道自己的孩子什么时候开始有了胜负欲，而且还是"玻璃心"的胜负欲，该怎么办？

> "孩子总是输不起，怎么办？"
>
> "我现在跟孩子一起玩啥都不敢赢，赢了他就暴躁了。"
>
> "玩个'找一找'，都必须赢，输了就是哭。"
>
> "跟小朋友玩积木，总是因为自己输了推倒积木，有的时候还打人。"
>
> "老师给书法作业标的对钩还要比半天，比别的小朋友少了，就能闷闷不乐一整天。"

人们都有好胜心，想赢也是人之常情。所以，孩子想赢、输不起都是正常

现象，父母不用太过于担心，只需教会孩子摆正心态，并给予孩子恰当的引导就可以了。

→ 孩子为什么喜欢赢？

父母需要明白，自己的孩子为什么好胜心强，喜欢事事都要赢。有一项心理学的研究指出：孩子从 3 岁开始，自我意识已经发展到了一定水平，他们可以独立认识自己的力量，并且喜欢在无意识中确认自己的价值。也就是说，当他们发现自己比别人"好"的时候，就认为自己比较"强"、比较"厉害"，从而产生快乐的情绪，所以说孩子的胜负欲是孩子身心正常发展的标志。

此外，在日常生活中，父母、老师和同学等，对孩子的态度也会影响孩子的胜负欲。比如，孩子在某一项比赛中获胜了，他们会获得来自父母和老师的表扬；在跟小朋友的比赛中赢了，也会赢得其他小伙伴的赞扬；等等。孩子可以捕捉这些情绪背后的原理，即输了没有表扬，赢了就有各种奖励和表扬，所以我一定要赢。

→ "玻璃心"的胜负欲要不得

有胜负欲是正常的，它在一定程度上会加快孩子的成长，是孩子前进的动力，可以促进孩子的全面进步与发展。美国著名心理学家布鲁纳曾指出，好胜的内驱力可以激发人的成就欲望。但是如果胜负欲太强，孩子又比较"玻璃心"就要注意了。

胜负欲太强的孩子做事求胜心切，赢了容易自满；一旦输了，容易情绪低落，难以客观分析问题和吸取教训。反观那些能够从容对待输赢的人，不仅有赢的能力，还能坦然接受失败。他们的反弹力较强，能快速调整心态，不会因为一两次的失败就否定自己，反而越挫越勇。因此让孩子学会接受失败比一直追求胜利更重要。

→ 怎么判断孩子的胜负欲是不是"玻璃心"？

其实,"玻璃心"的胜负欲,就是孩子输不起,一般有两种表现。一种表现就是上文所讲的那样,孩子不能接受失败,输了就又哭又闹。另一种表现就是采取逃避的态度。比如,跟其他小朋友比赛搭积木的时候,看着自己赢不了,就直接推倒。

→ 如何打破孩子的"玻璃心"？

父母在教育孩子的过程中,要正确看待孩子的输赢,不要给孩子任何负面的影响。

① 情绪第一的原则

面对失败时,孩子往往会情绪激动。这时候无论父母给他们讲多少道理,他们都听不进去。因此父母需要先理解和认可他们的情绪,然后再进行引导。比如,当孩子遭遇失败时,可以对孩子这样说,"宝贝,我知道你现在很伤心"。要让孩子感受到父母理解他的感受。等孩子冷静下来,再去帮助他分析为什么会失败,下一次怎么可以做得更好。

> 小明参加了一场足球比赛,但他的队伍输了比赛。回到家后,他非常沮丧,不想说话。如果这时候父母直接告诉他"没关系,下次再努力",他可能会因为父母不理解他的感受而更难受。相反,父母可以先说:"小明,我看到你很难过,因为今天的比赛输了,对吗？"等他点头后,你再继续说:"我知道你很努力,下次我们可以再想想还有什么地方可以改进,这样我们可以表现得更好。我们可以一起找找这次队伍输掉比赛的问题所在。"
> ……

孩子因此会感到被理解和支持，更容易接受接下来的建议和鼓励。

② 始终不要用消极的态度对待孩子的失败

在孩子面对输赢时，父母的态度对孩子的影响非常大，孩子之所以十分在意比赛的结果，不仅是因为他们想赢得比赛，还是因为他们很在意父母的反应。如果父母对孩子输赢的反应不恰当，会让孩子对胜负产生错误的理解。

比如，孩子赢了比赛时，父母大力表扬并给予奖励；孩子输了比赛时，父母就表现得失望或不高兴。这样的反差会让孩子觉得只有赢了才会被爸爸妈妈认可。这样会让孩子承受很大的压力。父母应该传达给孩子的思想是，比赛不论输赢，重要的是参与和享受比赛的过程。父母可以告诉孩子："不管结果怎么样，我都为我的宝贝感到骄傲，因为你有勇气参加比赛，这是最重要的。"

> 小红参加了一场钢琴比赛，但她没有得奖。回到家后，她感到很沮丧，如果父母这时表现得很失望，甚至说"你怎么没拿奖"，会导致小红更加沮丧，甚至怀疑自己的能力。
>
> 父母可以这样说："小红，我知道你很努力练习了，这次没有得奖没关系，重要的是你在舞台上表现了自己，我们为你感到骄傲。"这样，小红会觉得自己被理解和支持，能更轻松地面对比赛和未来的挑战。

父母一定要告诉孩子，无论输赢，你都是我们的骄傲，进而孩子可以逐渐认识到这一点，从而在面对输赢时更加从容。

❸ 引导孩子关注进步而不是输赢

只要超越自己就是胜利，别人取得比赛的胜利，自己输掉比赛并不是自己能力差，只是自己有进步的空间而已。父母要让孩子明白，输赢的结果并不重要，重要的是每次努力都会带来进步。

这种引导能帮助孩子树立积极的心态，专注于自己的进步和成长，而不是局限在一时的输赢上。

❹ 恰当利用孩子输的机会

其实，孩子在输的时候，恰恰是父母能进一步教育孩子的机会。在孩子输之后，站在孩子的角度，耐心分析输的原因，鼓励孩子进一步努力，从而减轻孩子由输掉比赛带来的心理负担。

只要孩子摆正心态，确定自己努力的目标，就可以攻克难关。输赢都是暂时的，永恒的是父母对他们的教育，这才是孩子能握在手里的"武器"。父母要平和地对待孩子的输赢，把输当成孩子的一次体验机会，一个让他们认识自我、不断成长的机会。

→ 写给有"玻璃心"胜负欲的孩子的父母的几句话

孩子在成长的过程中，会遇到各种各样的问题和挑战，父母有责任给予他们前行的力量。

面对有"玻璃心"胜负欲的孩子，父母需要先理解其"玻璃心"背后的原因。孩子从小就承受着各种压力，在学习、比赛、活动等方面的失败都可能让他们感到挫败，甚至产生自我怀疑的想法。父母需要在这个时候给予孩子支持和安慰。

父母应该教导孩子学会坦然接受失败，并从中吸取教训。与其一味地追求完美和成功，不如培养孩子的韧性和抗压能力。父母要通过日常的言传身教，向孩子传递成功并不是唯一的目标的观念，努力的过程和自我成长才是最重要的。

每个孩子都有独特的天赋和兴趣，父母需要尊重和支持他们的发展。通过发现和培养孩子的兴趣爱好，让他们在自己擅长的领域获得成就感，从而增强自信心。

生活不可能一帆风顺，成败交织才是常态。父母需要让孩子明白，失败并不可怕，重要的是从中吸取教训。通过亲身示范如何应对挑战和挫折，父母可以为孩子树立良好的榜样，让他们学习以积极的心态迎接未来的各种挑战。

被起外号的苦恼

在学校，孩子之间起外号的现象比较普遍。外号一般和孩子的姓名、身体特征、行为习惯有关系，大部分是没有什么恶意的，孩子也能接受，甚至觉得是"爱称"。但是如果起的外号涉及生理缺陷或者是有羞辱成分的话，孩子就会很苦恼……

露露之前很喜欢去幼儿园，每天早早地缠着妈妈送她去上学。可是自从上了幼儿园大班，露露上学便不积极了，每天早上磨磨蹭蹭的。

妈妈问露露："宝贝，你在学校是不是有什么事儿啊？有事儿一定要跟妈妈说。"

露露委屈地说："我不喜欢去幼儿园了，幼儿园里的小朋友都叫我'小不点儿'。"

露露妈妈说："宝贝，妈妈知道你不喜欢被这样叫，你的感受很重要。我今天跟你一起去学校，咱们找老师说明情况，好不好？"

露露点点头，眼中闪烁着希望的光芒。

来到学校，露露妈妈跟老师说明了情况，老师问清楚了原因。原来是班里一个叫小星星的同学，发现露露幼儿园三年都是这个个头儿，就

叫她"小不点儿"，班里还有不少同学，被小星星起了外号，有"小鼻涕虫""小矮人""小胖墩""小哭包""小眼镜"……

老师为此开了一个班级会议，严肃地对同学说："咱们每个人或许都有缺点，我们不能因此给他人起外号，也不能用语言伤害他们。"

小星星听了老师的话，给同学道了歉。

露露也原谅了小星星，几个孩子又成了好朋友。

→ 为什么不能"起外号"？

幼年时期，多数人有被别人起外号的经历，当时会比较在意，但是成年后会觉得没有什么大问题。对于孩子来说，当时给别人起外号，可能只是在开玩笑，无伤大雅。

但是，如果孩子被同学起了带有侮辱性的外号，那就属于"校园霸凌"的范畴了，父母和老师都要注意。

起外号属于一种语言欺凌。如果孩子被起了带有侮辱性的外号，心理健康就极有可能受到不良影响。

① 孩子会因此感到自卑

如果孩子因为某些生理缺陷或者行为缺陷，而被起"小胖子""小瘸子"这类外号，会给孩子幼小的心灵造成伤害，导致孩子越来越自卑。

之前有个女孩，叫宁宁，因为长得比较黑，同学给她起了"黑煤球"的外号，从幼儿园到小学、中学再到大学，诸如"黑煤球""黑蛋"等外号充斥着宁宁的生活。

> 她试图反抗过，但每次同学都说她小题大做，大家只是跟她闹着玩呢。到大学，宁宁变得很自卑，不喜欢和同学交往，每天待在宿舍里，觉得自己确实长得黑，改变不了，慢慢变得沉默寡言……

❷ 孩子可能会出现攻击性行为

被起外号后，孩子由于情绪压力和自尊心受损可能会出现攻击性行为。长期被称呼带有贬义的外号，会导致孩子自尊心受到严重打击。

当被叫外号时，孩子为了保护自己免受更多的心理伤害，可能会通过攻击性行为来反击。

外号带来的持续心理压力和情绪困扰，会使孩子处于应激状态，从而进一步增加他们做出攻击性行为的可能性。

> 小明是一个性格内向的孩子，因为个子矮小，经常被同学嘲笑。"矮冬瓜"这个外号，让小明感到非常无助和难堪，每次同学叫他"矮冬瓜"，他脸上总是一阵火热，恨不得找条地缝钻进去。慢慢地，小明的情绪越来越不稳定，有一次体育课的时候，班里的小黑在旁边喊他："矮冬瓜，快点儿过来啊，就差你了。"小明再也忍不住了，跑过来推倒了小黑，对小黑说："你才是'矮冬瓜'！"两个小朋友打起来……

③ 孩子可能会出现厌学情绪

被起外号会让孩子感到孤立和无助，当无法有效反击同学的行为时，他们会选择逃避。孩子通过不去学校，试图避免被同学嘲笑，从而获得内心的安宁。因为没有人真正从他们的角度出发去考虑和解决问题，孩子内心的压抑可想而知。长期的心理压力不仅可能让孩子产生厌学情绪，还可能导致身体疾病。

> 小华是小学五年级的学生，由于身材比较胖，被同学起了个"胖子球"的外号。这个外号让小华感到非常难受和尴尬，每次听到这个外号，他都感到自尊心受到严重打击。尽管他试图向老师和父母寻求帮助，但情况并没有好转，反而同学的嘲笑变本加厉。
>
> 后来小华开始产生学恶情绪。每次要去上学时他都感到非常焦虑。他常常以身体不舒服为借口，请假不去上学。在家时，他也不愿意与家人分享学校发生的事情，变得越来越沉默寡言。
>
> 在一次家长会上，老师向小华的父母反映了他最近频繁缺课和学习成绩下降的情况，父母最终了解了事情的真相。老师针对小华的困扰，开了一次班会，并在班会上讲了不要给同学起外号的原因……

孩子被起了自己不喜欢的外号时，一般会向老师或者父母求助，但其实这并不是最好的解决方法。因为这种方法治标不治本，等这个事情过去了，孩子或许还会出现这种情况，也有可能某些同学会变本加厉，让孩子更加难以忍受。

年龄小的时候，孩子希望把自己认识的同学"具象化"，也就是说，这个同学身上有特殊的地方，就叫他什么。比如，小红长得比较胖，就叫他"胖球"；小绿长得比较瘦，就叫他"麻杆"；小黑走路歪歪扭扭的，就叫他"鸭子"……在给别人起外号的时候，孩子满足了自己具象化同学的内心需求，但是因为错误的认知，伤害了同学。当老师批评他的时候，当时会觉得自己的行为不对，但时间久了，还是无法控制自己"具象化"同学的心理。

另外，无论是老师还是父母，在和同学讲"起外号"的事情时，只是让孩子认为，不要给这个孩子起外号，但是可能会产生其他问题，比如，被告状的孩子，可能会认为"被打了小报告"，由此产生报复心理。心理学家发现，孩子需要一个可以预见的世界，特别是青春期的孩子。不确定性会让他们感到害怕和焦虑。"打小报告"的孩子常常被其他人排斥和孤立，因为他们破坏了周围人的安全感，所以会失去大家的信任。

→ 孩子可以自己解决被起外号的苦恼

其实起外号有一个原则：只要你起的外号对方真正喜欢，并且同意，就没什么问题。

父母是孩子的老师，如果父母谈到起外号就色变，孩子也会在这个事情上受伤。如果孩子跟父母和老师说自己正在经历被别人起外号的苦恼，父母和老师一定不要对孩子说"他就是跟你开个玩笑而已，不要当真""谁让你这么胖呢，活该""这样催着你减肥呢，我觉得挺好"这些话。这些话也是语言暴力的体现，跟同学起外号相比，伤害有过之而无不及。

父母和老师可以跟孩子说："我小时候也被别的同学起过外号，我很理解你的感受。"然后引导他们自己去解决问题。当别人给你起外号时，你越是在意、越是表现激动，对方就会越觉得有趣。所以孩子需要学会一些应对尴尬的方法，让对方失去继续捉弄你的兴趣。

当然，父母和老师需要实时注意事情发展的动向，如果是比较普通的起外号事情，让孩子自

己处理更好；但如果有欺凌、伤自尊的行为，这就需要出面干涉了。

　　起外号是一个普遍现象，但当外号带有侮辱性时，它就成了一种校园霸凌，对孩子的身心健康造成负面影响。在这种情况下，仅依靠老师来解决可能效果不佳，因为老师的管理范围有限，有时甚至可能适得其反。最好的方法是帮助孩子学会自己应对这种情况。引导孩子将自己的独特之处转化为优势，用幽默化解尴尬，增强孩子的自信心。

05

附录

读懂孩子的心理

孩子教育的重要性日益凸显。一些父母由于工作繁忙而忽视了对孩子教育的关注。在与孩子的交流中，似乎除学业之外，很少触及其他话题。实际上，若想真正了解孩子的内心世界，父母需要耐心倾听孩子的真实想法，并将孩子视为一个平等的伙伴。经常有父母诉苦，不知道自己的孩子天天想什么。青春期的孩子父母搞不懂，三四岁的孩子父母也搞不懂，大多数父母盼着自己会所谓的"读心术"，能明白自己孩子每天在想什么。

孩子和父母属于两个不同的世界，父母的世界是现实的缩影，孩子的世界则是充满了梦幻般的童话世界。孩子爱憎分明，他们喜欢一个人就会对他笑，不喜欢可能就会置之不理。他们想到什么就会去做什么。正如童话《皇帝的新衣》一样，只有孩子才敢说："他什么都没穿！"

要想成为称职的父母，就要用孩子的眼光来看待孩子，只有深入了解孩子的内心世界，才能知道他们在想什么。

身为孩子的父母，要想孩子健康成长，给予孩子一个健康的童年，就要明白他们的心理，还要了解不同年龄段他们的心理特征。通过孩子身上的那些小事，了解他们的心理特征。

如果家长能把握好孩子成长路上的心理节点，孩子便能脱颖而出，真正地赢在起跑线上。

→ 婴儿和学步期（0—3岁）

在这个时期，孩子开始慢慢学习本领，他们可以独立行走，手部动作也有所发展，可以独立吃饭，3岁的孩子有了自我意识，他们开始有意识地探索世界。

1岁：帮助孩子建立安全感的一年

心理学家阿德勒曾说："我们每个人来到这个世上，都在穷极一生追求两样东西——安全感和价值感。"

从孩子呱呱坠地到孩子1岁这个时期，如果孩子能在家人的陪伴和呵护下成长，孩子就能形成极有安全感的性格。这种安全感能让他们在未来的生活中更加自信，更满意自己的价值和所处环境，不会患得患失，不会过分敏感。父母应该多给予这一时期孩子一些拥抱，这是一个建立安全感的非常重要的举动。在日常生活中，父母应该对孩子的需求和情绪给予即时和积极的反应。这种持续的正面互动有助于孩子感知到自己是被爱和重视的，从而在内心深处建立起坚实的存在感和安全感。

2岁：培养孩子幽默感的一年

2岁的孩子慢慢有了自己的意识和想法，但是他们不懂如何表达。这个时候，父母要摸索他们的生活规律，把孩子的一些"坏行为"理解成孩子探索、学习的求知行为。

当孩子对某些事物表现出好奇时，如在建构积木游戏中选择将积木推倒而非按照指示搭建，父母应理解这是孩子探索世界的方式。他们可能对积木倒下时的声响和视觉效果更感兴趣，这是他们成长过程中的一部分。

2岁，孩子开始形成幽默感，这是性格发展的重要阶段。父母应该鼓励孩子展示自己的独特性和幽默感，哪怕有时候看起来有点儿任性。孩子在不经意间展现的幽默和机智，往往能引起大人的欢笑，这种天赋如果得到肯定和支持，可以极大地增强孩子的自信心。让人开心是一种神奇的能力，如果孩子拥有这样的能力，父母不要压抑孩子的天性。

3 岁：培养孩子创造力的一年

3 岁时，孩子强硬的拒绝态度减少了，取而代之的是分享或者依赖，他们在肢体动作的控制上已经相当成熟，语言能力也发展得很好了。他们对周围环境开始有了强烈的好奇心，并通过观察、实验和探索来学习和认识这个世界。

父母可以通过提供多种材料和创造不同环境来激发孩子的创造力。不要因为孩子可能会弄一地面粉，而不让他们尝试做面食；也不要拒绝他们叮叮当当模仿大人做饭。这个时期是培养孩子创造力的关键时期，父母一定要耐心地为孩子提供一个充满可能性的学习环境，这对他们长期的认知发展和创造力培养至关重要。

学龄前（4—6岁）

这一时期是孩子发育的黄金时期，是他们语言飞速发展的时期，是他们个人行为形成的关键时期，是他们智力发展较迅速的时期，在这一时期，孩子的总体特征表现为有强烈的好奇心，思维模式以行为和具体的形象为主，喜爱模仿，用情绪支配自己的行为。

4岁：孩子变身"语言小天才"

4岁的孩子的语言表达常表现为话语量增多，对表达各种事物有浓厚兴趣。然而，他们在表达过程中可能会遇到逻辑不连贯或表述不清的问题。在这一时期，孩子的思维和语言能力发展迅速，此时，父母的支持和引导尤为重要。

为了提升孩子的语言表达能力，父母应当耐心倾听孩子的表述，并用清晰、准确的语言帮助他们理顺思路，重述他们的意图，以增强孩子的语境理解力和表达准确性。请不要拒绝孩子成为"十万个为什么"，面对孩子频繁的提问，如"为什么天空是蓝色的""蝴蝶怎么飞"，父母应当及时、耐心地回答，从而促进孩子逻辑思维和语言能力的发展。

5岁：亲子关系融洽

5岁的孩子开始更全面地融入他们的现实环境，对自己的生活圈（如家庭、邻里及幼儿园）展现出浓厚的兴趣和情感依附。此时，孩子通常会表现出更加安静和有节制的行为，他们的世界观开始以家为中心，家庭的稳定和温暖对他们的情感发展至关重要。随着对家的依赖性的增强，孩子往往寻求更多的关爱和安全感。他们对母亲的依赖尤为显著，期望通过母亲的肯定和支持来构建自信。这是孩子成长过程中的一个关键期，父母应积极响应孩子的情感需求，关注他们的情绪变化和言语表达。

父母应避免对孩子的需求表现出不耐烦或忽视。适时的关注和回应不仅能增强孩子的安全感，还有助于培养他们的情感和社交技能，为他们将来的发展打下坚实的基础。

6 岁：孩子的第二叛逆期

6 岁的孩子通常会在很乖和很叛逆两个极端游走，对"自己的东西"和"别人的东西"无法正确区分。这个阶段的孩子会更加寻求自己的"存在感"，开始尝试独立思考任务和问题，在这个过程中，会不可避免地跟父母或者外界的环境产生冲突。他们的表现多为情绪波动如大声哭闹、反驳等，这其实是他们自我表达和寻求独立性的一部分。

此时，父母要展示极大的耐心和理解。如果发现孩子情绪失控，首先要给予他们安慰和鼓励，然后深入了解他们的具体疑虑，切忌指责或者忽视。不要跟孩子说诸如"我管不了你，不管你了"之类的话。只有父母帮助孩子学会处理和外界冲突的技能，才能助力他们健全人格的发展。

→ 学龄期（7—12岁）

这一阶段孩子的心理较为复杂，也是孩子心理发展不稳定的时期。在这一阶段，孩子活动和依赖的中心将从家庭转移到社会。在这一阶段，孩子开始理解努力与成就之间的联系，并逐渐建立起成就感。同龄人的影响在评估孩子的成功与否中扮演了关键角色。通过成功完成任务和参与社交或团体活动，孩子能够感受到效能感，从而减少自卑情绪的产生。

这一阶段的孩子，基本已经步入学校。学校是一个帮助孩子适应社会的重要场所，孩子在这里学习生活所需的知识和技能。随着能力的提升，孩子参与的活动范围也开始超出学校，扩展到社区等中。在这一阶段，孩子更多地受到同龄人、邻居、老师的影响，父母的直接影响相对减少。如果孩子能够和同学、老师建立良好的关系，并得到他们的认可和鼓励，这将极大地增强孩子的自信心。

❶ 认知世界

这一阶段的孩子的认知特点开始发生变化，他们不再像婴幼儿时期那样，而是可以进行有规则的学习，并能够理解和运用规则。他们开始明白遵守规则和理解规则的重要性，父母不需要费劲去讲大道理，而应该动之以情，晓之以理。

❷ 行为特征

这一阶段的孩子的抽象思维能力没有完全发展，所以他们的行为比较直观。这一阶段的孩子容易受到情绪的影响，具体表现是盲目冲动，他们可能会不经过什么思考就采取行动。同时，这一阶段孩子的模仿能力很强，所以，父母要适时对他们进行引导，做他们最好的老师。

❸ 个性特点

每个孩子都有不同的特点，父母要理解个性化差异的道理，不要盲目将自己孩子和别人家的孩子对比，说"邻居家的小红比你强多了"这类话，无疑是在摧毁自己孩子的自信心。这阶段的孩子容易产生自卑情绪，父母要善于发现孩子的兴趣和特点，鼓励和引导孩子是父母在这一阶段的重要任务。

④ 情绪特点

孩子的情绪跟学校的环境和生活有必然联系。孩子成绩的好坏、受老师的重视程度、与同学之间的关系等，都会影响孩子的情绪。这一阶段孩子的情绪表现得较为明显，父母要注意观察，适时引导。遇到孩子情绪难以自控、爱跟家人发脾气时，父母要及时制止并提供引导。

⑤ 自我意识特征

6岁之后的孩子，自我意识逐渐增强，他们能意识到自己是独立的个体，同时对他人的评价很在乎，如父母说"你是个坏孩子"，他们就会给自己贴上"坏孩子"的标签。

在学校里，老师的表扬和批评也会让他们形成一种特别的自我意识，如果老师表扬了他，他就会更有自信；如果老师批评了他，他就会认为自己是老师嫌弃的对象，进而丧失自信心。

其实，如果孩子的自信心来自外部而非自己内心的话，孩子会迅速失去这种自信心，这对孩子进入青春期后的身心健康发展有很大的障碍。对于这一阶段的孩子，父母要多表扬，多鼓励，帮助孩子建立自信，养成乐观的品格，从而更好地应对将来的各种挑战。

称职的父母应该明白的心理学规律

家庭教育是一门艺术，作为新手父母，更应该全身心地投入进去。在教育孩子的过程中，父母不仅要提供物质支持，还要在情感和心理发展上起到引导和支持作用。父母应该理解孩子的心理需求和发展阶段，以更有效地与孩子沟通，构建更积极的亲子关系。

下面详细讲解一些常见的心理学规律，希望父母能从中获得一些感悟。

→ 心理学规律一——罗森塔尔效应

罗森塔尔效应也叫皮格马利翁效应或者期待效应。

1968年，美国的心理学家罗森塔尔和雅各布森一行人到某学校考察，做了个实验，他们从学校的1—6年级每班随意抽取了3名学生，将这18名学生的名单交给了老师，并以赞许的口吻说：经过科学测定，这几名学生是最具高智商、最有前途的好苗子，并且要求他们保密。过了8个月，罗森塔尔和雅各布森等再次来到学校，对这18名学生进行复试，发现他们性格变得更开朗并且自信心和求知欲都得到了增强，而且学习成绩有了显著提高。直到后来工作，他们在不同的岗位都很优秀。

心理学研究表明，如果我们对某人抱有积极的期望，这可能会激励他更快进步，表现得更好。在上面的实验中，老师被告知某些学生在未来会有出色的表现，所以老师会更关注这些学生，在态度、指导和表扬等方面都更加积极，从而无意中传递给学生他们对其的高期望。学生感受到这些积极的信号后，往往会做出积极的回应，最终达到了老师的期望。

这个实验揭示了一个重要的心理现象：我们常常在不自觉中受到我们喜欢或尊敬的人的影响，从而实现一种心理上的共鸣。孩子也是如此，父母是孩子最信任和依赖的人,如果父母一直给孩子灌输的是乐观向上的思想,那么孩子也会非常乐观。但如果父母一直给孩子消极的暗示,孩子的情绪也会受到影响。在学校也是如此,老师在平时的学生管理工作中,如果能给予孩子更多的关注,经常用满意的眼神和激励的话语去鼓励他们,给他们传递"你一定行""你是最棒的"这样的信息,孩子感受到老师的关注后,会产生更强的动力,从而取得更好的成绩。

→ 心理学规律二——超限效应

小超从小身子骨弱,所以他的妈妈非常担心他的健康,每天早上孩子起来,妈妈就是一顿输出:"宝贝,今天冷,穿厚点儿啊""在学校要多喝水,别感冒了""出门记得戴上口罩"……终于有一天,小超生气地对妈妈说:"能换个新花样吗?天天都这几句话,你烦不烦啊?"

说完,小超自己上学去了,小超的妈妈很无奈:"我这不都是为了孩子好吗,我怎么还有错了?"

美国著名作家马克·吐温有一次在教堂听牧师演讲。最初,他觉得牧师讲得很好，令人感动，准备捐款。过了10分钟，牧师还没有讲完，他有些不耐烦了，决定只捐一些零钱。又过了10分钟，牧师还没有讲完，于是他决定1分钱也不捐。等到牧师终于结束了冗长的演讲开始募捐时，马克·吐温由于气愤，不仅未捐钱，还从盘子里偷了2元钱。

这种由刺激过多、过强和作用时间过久引起的心理极不耐烦或反抗的心理现象，被称为"超限效应"。其实"超限效应"在家庭教育和学校教育中经常出现。父母或者老师过多的嘱咐，并不能起到预期的效果，反而会因为说得过多导致孩子心烦听不进去，或者听得太多麻木了。

从心理学上讲，因为某种刺激过多而出现的自然而然的逃避现象，就是人类出于本能的一种自我保护的心理反应。所以人的心理对任何刺激都会有一个承受的极限，如果超过了这个极限，就会向着相反的方向转化，也就是人们常说的"物极必反"。

所以，孩子犯错后，父母最好只批评一次，如果孩子再次犯错，父母在说教的时候，就应该换个角度，用不同的话去提醒孩子，不然孩子会认为父母烦得很。如果一个错误受到很多次批评，孩子会转为不耐烦，最后出现"你说吧，你越说，我越做"的逆反心理。

同时，父母要注意，表扬也存在超限效应，如果表扬太多，会让孩子觉得父母在哄自己，名义上是在表扬，实际上是在提醒他做得不好，要多注意。所以任何的教育方式重在一个"度"上，这个"度"把握好，才能收到理想的效果。

心理学规律三——德西效应

德西做过一个实验，在某些情况下，人们在外在报酬和内在报酬兼得的时候，工作动机非但不会增强，还会减弱。这个时候，动机的强度就会变为两者之差，这就是"德西效应"。心理学家说，如果奖励达到一种不可控的地步时，停止奖励是最好的方法，这个时候，最好是用另一种方法来代替奖励。

奖励孩子是件好事，但如果过度了就可能出问题。当奖励成为孩子的期待甚至需求时，他们就会觉得，得不到奖励就没必要做事了。这样一来，孩子就不愿意接受没有直接奖励的任务，甚至可能变得物质至上。实际上，不是所有的行为都能得到奖励，但这些行为对孩子的成长非常重要。如果孩子总想着要奖励，可能会逐渐丧失自发地做事情的动力。所以，父母需要让孩子知道，有些事情即使没有奖励，也是值得做的。

父母应该如何做呢？除了奖励，鼓励更重要，可以用鼓励的话来激励孩子，如"你一定行""你一定可以做到"，每次鼓励都应让孩子觉得是自己的努力赢得了最终的成功，这会增强孩子积极行动的意识。

→ 心理学规律四——南风效应

南风效应,也叫温暖效应,这一效应源自一则寓言故事。

> 北风和南风比威力,看谁能把行人身上的大衣脱掉。北风用力吹出寒冷刺骨的冷风,结果行人为了抵御北风的侵袭,便把大衣裹得紧紧的,还戴上了围巾、帽子和手套。北风沮丧地对南风说:"我没有把行人的衣服吹下来,他们为什么穿得越来越多了,我先休息一会儿吧。"南风则徐徐吹动,行人觉得温暖则解开纽扣,继而脱掉大衣。南风获得了胜利。

在教育孩子的过程中,棍棒教育、恐吓教育是不可取的,父母应该给予孩子更多温暖,培养孩子自觉向上的品格,这样才能达到事半功倍的效果。父母教育孩子的目的是让孩子成人,形成良好的品性,并不只是取得优异成绩就够了。如果教育方式太拙劣,可能会伤害孩子幼小的心灵,甚至扭曲他们的性格。

在教育孩子的过程中，父母应多寻找孩子身上的闪光点，激励他们努力。换句话说，父母应该用爱包裹孩子，而不是像"北风"一样解决问题。

→ 心理学规律五——霍桑效应

当人们在意识到自己被关注或者被观察的时候，会刻意地改变一些行为。美国芝加哥市郊外的霍桑工厂是一个制造电话交换机的工厂，有较完善的娱乐设施、医疗制度和养老金制度等，但工人仍然愤愤不平，生产状况很不理想。后来，心理学专家专门对其进行了一系列试验，即用两年时间，专家找工人个别谈话2万余人次，规定在谈话过程中，要耐心倾听工人对厂方的各种意见和不满。这一谈话试验收到了意想不到的效果：霍桑工厂的产值大幅度提高。

孩子在学习的过程中，肯定会对一些事情有困惑或者产生不满情绪，但是自己表达不出来，这个时候，如果父母采取谈话的方式来引导他们表达自己的不满和困惑，当他们说出来自己的困惑和不满时，他们会有一种发泄式的满足，之后，他们的精神会得到放松，在之后的学习和生活中，也会更加自信。

→ 心理学规律六——贴标签效应

贴标签效应，也称暗示效应，在心理学领域指外界对个体的标签或者称谓会影响个体的行为和自我认知。

每个孩子的可塑性都很强。教育的作用就在于引导孩子朝积极的方向发展。正面的标签，如"聪明""勤奋"，能增强孩子的自信心和动力，使他们在学业和其他领域有更优秀的表现。相反，消极的标签，如"笨蛋""懒惰"等，可能导致孩子的自我价值感降低，从而影响其学习动力和成就。

在对孩子的教育上，老师和父母应该多用激励性的语言，给孩子贴上正向的标签，从而使孩子朝着积极的方向不断发展。

→ 心理学规律七——登门槛效应

登门槛效应，指先通过提出较小的请求来开启互动，一旦获得同意，再逐渐提出更大的要求。

这种方法有效的原因在于人们在同意了初步请求后，往往会为了维持行为的一致性而同意后续更大的请求。此外，初次的小请求还能增强双方的信任感和合作意愿，使对方在心理上更容易接受之后的更大要求。所以相较于一开始就提出大请求，现提出小的请求能更有效地促使人们接受更大的请求。

父母在教育孩子的时候，可以适当采用登门槛效应，如先对孩子提出较低的要求，待他们按照要求做了，予以肯定、表扬乃至奖励，然后逐渐提高要求，从而使孩子更容易接受较难的任务。比如，孩子练习钢琴的时候可以从每天弹奏 10 分钟逐步加到每天 30 分钟、1 小时……当孩子适应并乐在其中后，再增加练习难度，最终孩子会更容易接受。

心理学规律八——增减效应

人们喜欢那些对自己的喜欢不断增加的人，而不喜欢那些对自己的喜欢不断减少的人，心理学家将人际交往中的这种现象称为"增减效应"。很多售货员就是抓住人们的这种心理，在称东西的时候，先抓一点，再慢慢加进去，而不是先抓一大堆，再一点点拿出来。

> 有一项实验如下：
>
> 被试是80名大学生，把他们分成4组，每组有7次机会听到某一名同学（心理学家提前安排的）谈有关对他们的评价。方式是这样的：第一组是贬抑组，7次评价中只说被试的缺点，不说优点；第二组是褒扬组，7次评价中只说被试的优点，不说缺点；第三组是先贬后褒组，7次评价中前4次说被试的缺点，后3次说优点；第四组是先褒后贬组，7次评价中前4次说被试的优点，后3次说缺点。当4组被试都听完该同学对自己的评价后，心理学家要求被试说出对该同学的喜欢程度，结果是先贬后褒组而不是褒扬组。

在评价孩子的行为或者学习表现时，有的父母倾向于直接表扬或者批评，实际上可以利用增减效应的原理，先指出孩子需要改进的地方，再强调孩子的优点和进步。比如，孩子在学习上遇到困难时，可以先说他们在哪些方面需要加强，然后表扬孩子在其他方面的努力和成就。这种先批评后赞扬的方法能更有效地增强孩子的自信心和动力。